SOCIETÁRIO E MERCADO DE CAPITAIS

Kleber M. Kuwabara

SOCIETÁRIO E MERCADO DE CAPITAIS

Banqueiro de Investimento e Jogadas

GIZ EDITORIAL

São Paulo, 2010

Título Original em Português: Societário e o mercado de capitais: banqueiro de investimento e jogadas.

Editor: Ednei Procópio
Assistente editorial: Juliana Barros
Revisão: Sandra Garcia
Editoração eletrônica e capa: Giz Editorial
Impressão: Gráfica Del Rey

Comercial: Simone Mateus
Marketing & Divulgação: Maya Hatai
Contato com o autor: Juliana Medeiros

Giz Editorial

Rua 24 de Maio, nº 77 – 10º andar – Sala 1002
CEP 01041-001 – São Paulo – SP – Centro
Website: www.gizeditorial.com.br
E-mail: giz@gizeditorial.com.br
Tel/Fax: (11) 3333-3059

Dados Internacionais de Catalogação na Publicação (CIP)
(Câmara Brasileira do Livro, SP, Brasil)

Kuwabara, Kleber M.
Societário e mercado de capitais : banqueiro de investimento e jogadas / Kleber M. Kuwabara. -- São Paulo : Giz Editorial, 2010.

ISBN 978-85-7855-113-1

1. Mercado de capitais - Brasil 2. Societários - Brasil I. Título.

10-09690 CDD-332.60981

Índice para Catálogo Sistemático
1. Brasil : Societários e mercado de capitais : Economia 332.60981

Impresso no Brasil / *Printed no Brazil*

Sumário

Prefácio

DIZ A LENDA QUE certa vez um banqueiro perguntou a um conhecido economista se gostaria de participar de uma empreitada para montar um banco. O economista, muito modesto, teria respondido que não, pois não tinha recursos para tal. De pronto, o banqueiro teria dito: com dinheiro qualquer um monta, quero ver montar sem... (Roberto Campos, "Lanterna na Popa")

PARTE I
Banqueiro de Investimento por Vocação

Viste um homem hábil no seu trabalho,
pois irá trabalhar perante reis e não
perante gente obscura
*(**provérbios de Salomão**)*

Desde sempre os banqueiros eram os amigos
dos reis, os confidentes, depositários fiéis
de jóias e valores. Sempre guardando
com a melhor habilidade e técnica possível
perante os tempos turbulentos de
confisco e guerras. Com técnica
peculiar, sempre foi assim.

1

Carreira de banqueiro de Investimentos

NA PRÁTICA CONSIDERA-SE *investment banker*, banqueiro de investimentos, o profissional que dentro de um banco de investimentos, trabalha com negociação de valores mobiliários de empresas. Sejam elas abertas ou fechadas, o banqueiro de investimentos, pode emitir valores mobiliários como ações, debêntures, debêntures conversíveis, *commercial papers*, pode listar empresas nas Bolsas de Valores, tornando-as Companhia aberta, assim como pode tirá-las da Bolsa também, se fechar o capital da mesma. Em geral caracteriza-se não tanto pelo *trade* em si, característico de operadores de mesa.

O *investment banker* dedica-se à negociação de valores mobiliários da empresa no atacado, dentro do seu conjunto de estratégias. Podendo significar compra e venda de empresas, com a venda de ações em conjunto, chamado de block trade. Podendo significar também, a captação de recursos para a empresa através de emissão de valores mobiliários do zero. Enfim, são diversos atributos relacionados, que em geral o escopo envolve a estratégia da empresa no seu atacado. Diga-se corporações que faturam mais de 100 milhões de reais por ano. Porisso mesmo são chamados no país de banqueiros de atacado.

Além disso, o *investment banker* precisa desenvolver uma série de habilidades, algumas inatas e outras que podem ser aprimoradas. Por exemplo, uma característica comum é de serem profissionais agressivos e arrojados, beirando à arrogância, petulância e pretensão por vezes. Isto porque quando lidam com grandes jogadas, as tacadas podem ser fabulosas e dispostas a realizar verdadeiras mágicas financeiras. Juntando empresas, aglutinado sociedades, ou fatiando-as, podem ser planos insólitos que se comentados por um cidadão comum, apresentam sim grandes chances de gerar intenso ceticismo. Mas essa é a diferença do natural *investment banker*, que traça planos numa mega escala, mas que consegue viabilizá-los dentro de um contexto realista. Lógico, seus conhecidos bônus são elevados pois ganham comissões sobre essas transações financeiras, e já que estão diante de situações de atacado, uma operação de emissão de valores mobiliários, seguramente gera comissões de intermediação bancária, superior a 1 milhão de reais, de uma vez só.

Tecnicamente, óbvio que mais importante do que falar outros idiomas, está a habilidade em elaborar soluções de financiamento de atacado criativas, mas também realistas para o banco. Com forte formação na área financeira, contábil, e excelente conhecimento das regras do jogo, da CVM ou SEC. Um bom conhecedor de Leis do Mercado de Capitais, é mais próprio para desempenhar cargo de advogado da empresa. Um bom conhecedor de regras de auditoria, será excelente auditor e contabilista de empresas. Outro que saiba fazer boas projeções, poderá ser analista confiável. Entrementes, o *investment banker* precisa juntar esse amálgama de qualidades, mesmo porque coordena todos esses trabalhos, e ainda sobremaneira saber e ter boa técnica para desenvolver soluções financeiras adequadas para empresas que disputam palmo a palmo, cada espaço da acirrada arena de mercado de capitais.

No fundo, *investment bankers* são pessoas de jogadas e operações magistrais. No IPO da bovespa ocorrido em 2008 por exemplo, teve banqueiro de investimento que participando da coordenação e distribuição, chegou a ganhar mais de 15 milhões nessa operação somente. Como se uma vida de trabalhos fosse direcionada para aquele dia e hora, quando na estréia e com a venda de ações valorizadas, como foi o caso, chega-se a ganhar licitamente valores só compatíveis com acumulados de loteria.

*Diferença em relação aos operadores/*brokers

Há sempre muita confusão dos banqueiros de investimento com os *brokers*, que trabalham em mesa de operações. Mas o trabalho, a especialidade é diferente, pois o trabalho de *investment banker* é menos específico e mais global. O banqueiro de investimento especializa-se em estruturar operações no mercado de capitais, operações de outra ordem de grandeza. Já na mesa, são diversas operações todos os dias e todas as horas, durante o pregão.

2

Soma Zero

ATUALMENTE MUITO SE COMENTA sobre a Teoria dos Jogos e sua Influência nos Negócios. A matemática sempre presente no cotidiano das pessoas e ainda mais no sistema bancário. E com certeza, as contas segundo a contabilidade tem de fechar, e se todo sistema de contas fecha junto, então a conta teria de somar zero. Mas parece que não é bem assim.

É pressuposto da economia que todos os recursos são escassos na natureza. Trata-se assim de administrar recursos limitados numericamente. As transações econômicas no mundo real, são físicas e se um ganha outro perde. Assim também contábil e numericamente, é ou deveria ser assim, valores que são computados como entrada, em outra empresa será saída. Dentro do mesmo sistema. Nessa seqüência lógica, o sistema soma zero, pois de um certo ponto de vista, a conta fecha quer queira ou não. Assim como num jogo ou competição.

Mas a grande incompreensão é que nem todos jogam vendo assim apenas. Aliás grandes empreendedores não trabalham vendo um mundo estanque, mas ao contrário criam valor nesse contexto, de bens, idéias e serviços antes inexistentes. Nem é necessário concluir que se boa parte trabalha no sistema soma zero, e outros também trabalham assim, mas também somam outros valores inexistentes, o resultado pode sair diferente. Aliás efetivamente sai diferente, pois talvez seja esta curiosidade empresarial que poderá significar destaque.

Parece não ter nada a ver com Mercado de Capitais, mas tem alguma congruência. Afinal, em última análise, o Mercado de Capitais refere-se a empréstimos em larga escala. Num soma zero em que alguém investe e a empresa recebe esse valor, que por sua vez tem de retornar ao investidor, nesse ciclo. Se o conceito soma zero é razoavelmente aceito, e habitual, mas controverso, imagine numa escala de milhões e cifras.

3

Criatividade ou Mágica

MUITAS HISTÓRIAS E LENDAS giram em torno dos banqueiros. Afinal, muitas contas matemáticas mais se aproximam de mágica que de trabalho em si. As probabilidades de empresas de seguros mesmo, poderiam se confundir com estatísticas do IBGE, e de chances de final de campeonato. Mas a verdade é que para especialistas, isto não é só trabalho, mas ofício bastante sóbrio e sério que mais pode se aproximar até de aparente mágica de números. Mas vale dizer, que mágica mesmo nos dias de hoje é trabalhar honestamente e prosperar sem prejudicar terceiros.

Envolto de muito poder, existe sempre um mistério em torno das operações organizadas por banqueiros de investimentos. Pois envolvem muito capital, obras faraônicas e a necessidade de organizar esforços de forma complexa para desenvolvimento dos projetos. De certa forma a matemática financeira de derivativos e opções, configuram certa aparente mágica, por multiplicar perdas e ganhos de uma hora para outra. Afinal é a tecnologia financeira que permite fazer hedge e evitar perdas ou alavancar ganhos em operações diversas.

Mas possivelmente, o grande destaque da atividade do banqueiro de investimento esteja na conjugação óbvia de diversos fatores. Por exemplo, na construção de uma planta industrial, coordena não apenas o financiamento, mas aspectos regulatórios, licenças, know-how e expertise envolvidos. Assim, a grande mágica na verdade está em coordenar esforços com habilidade e destreza. Precisam sem dúvida estar sempre na vanguarda, pois por razões naturais nessa área concentram-se os melhores profissionais e mais capacitados também.

Não é mera questão de fazer análise de créditos e conceder empréstimos no atacado. Muito além disso, o *investment banker* analisa oportunidades e compra risco onde muitas vezes apenas um especialista encontra fórmula ideal. Geralmente através de verdadeira malha de conexões de alta voltagem, consegue viabilizar amplos projetos de alta complexidade como usinas, indústrias, com boa técnica. Vale lembrar, que a influência é tal que muitas vezes a expansão imobiliária e desenvolvimento de planta industrial e de serviços gera amplos reflexos regionais, que pode configurar aparente milagre.

Mas a verdade é que a grande mágica sem dúvida é conciliar diversos fatores em torno de um projeto e com excelente técnica, torná-lo realidade. Sendo o desafio criativo de resolver problemas originais talvez a maior dificuldade sempre. Pois assim como tudo é provado e verificado, a habilidade e tenacidade do banqueiro de investimento é sempre avaliada por situações de incomparável especificidade , quando precisam mostram efetivamente devido quociente intelectual, emocional e boa dose de criatividade para resolver problemas variados.

Em vista disso, que desde sempre banqueiros de investimento são participantes ativos de qualquer governo. Pois bem entendem da contabilidade, regulamentação e financiamento de obras lideradas pelos governantes. Amigos do poder, configuram eixo fundamental em torno do qual é possível reforçar amplos planos de crescimento de um país até. Com fórmulas importadas de outros países, mas por vezes com modo de trabalhar adaptado ao meio regional local, mas sempre na arena central de decisões que envolvem ampla estratégia, muito capital, disputas políticas, empregos e meio de vida de muitas comunidades.

Pois em última análise, seja na construção de um aeroporto, de um hospital, de uma fábrica, de usinas, shoppings e prédios, geralmente há sempre um *investment banker* na operação coordenando os trabalhos da melhor forma. Sendo indiscutível o reflexo gerado, as ondas de influência e raio de repercussão. Sempre a questão não é apenas o aporte de capital, está em jogo via de regra todo um amálgama de disputas e de grupos propensos a participar ou não dos processos.

4

Departamento de Análise e Pesquisa

JÁ DIZ UM DITADO antigo que onde há planos bem-sucedidos, há muitos conselheiros. É bem verdade isso mesmo, e vale para a atividade desenvolvida na área de investimentos. Onde tudo é bastante estudado, todos os passos, todo o fluxo societário, contábil e financeiro, nos mínimos detalhes. Com muitas projeções e simulações de dados para que ao final se obtenha um estudo mais apropriado da operação em questão. Assim, neste contexto o trabalho de bons analistas é essencial, que saibam identificar a realidade da operação bancária em estudo, discernindo e pesando vantagens e desvantagens, sempre.

Muitas empresas que estão entrando na Bolsa de Valores, ainda não possuem uma estrutura *interna corporis* de Mercado de Capitais, para atender os anseios de seus investidores, acionistas e até para acompanhar adequadamente as exigências do governo. Como referido alhures, ainda mais em tempos atuais, é sempre necessário uma razoável organização para atender a requisitos de Governança Corporativa, Lei Sarbanes-Oxley e a básica Lei das Sociedades por Ações. Parece simples, e fácil de estruturar, mas é um departamento que deve ter alto grau de especialização, com ampla circulação de dados estratégicos da empresa.

Nas empresas, esse departamento acaba sendo denominado de Relações com Investidores. Mas nos escritórios de advocacia, consultoria e bancos referem-se a área de investimentos de atacado, geralmente gêmeas da área de M&A, Fusões e Aquisições.

5

Planejamento e Dinâmica das Atualidades

NA ÁREA DE *INVESTMENT BANKING*, o planejamento e a atualização dos processos é uma constante também. Sempre com estudos estratégicos de comportamento de mercado, e adaptação dos métodos de trabalho às condições de cada época. Sem dúvida nessa a atividade, assim como em qualquer outra, o planejamento adequado é essencial. Mas é categórico afirmar que como a teoria na prática é outra, e vez que a imprevisão da seqüência de fatos é o que impera, é nítido que o sucesso está muitas vezes na capacidade de adaptar problemas.

Pois mesmo as jogadas, por mais premeditadas que sejam, sempre enfrentam o ceticismo de situações irreverentes. Nos momentos de reviravolta de previsões que muitas vezes se diferencia a calibragem técnica de um profissional para outro. Em que os mais adaptados às circunstâncias tendem a sobreviver melhor e com maior tenacidade perante os quadros adversos.

Não basta planejar e transportar os planos para o mundo real. É necessário adaptar ao caso concreto, e justamente neste ponto que encontra-se toda a dificuldade. Sendo talvez a multiplicidade de equacionamentos, um dos grandes aspectos que diferenciam a administração de operações. Sem esquecer que a criação e renovação de fórmulas e métodos de trabalho também neste ofício, esteja provavelmente dentre os mais importantes requisitos.

Mesmo porque, de outra banda, não só os clientes mudam mas a própria composição do time de profissionais em casa bancária, também muda constantemente. Estando dentre as habilidades também, o gerenciamento de aspectos confidenciais atinentes a praxis bancária, visto que essa expertise é que custa caro. Devendo ser cuidada com o maior sigilo e respeito possível, frente aos concorrentes, imprensa e de utilização indevida em geral.

Com excelente time de analistas, contadores, advogados e economistas, é possível traçar estratégia de sucesso frente aos quadros mais adversos possíveis. Com o estudo de política econômica do governo e mudanças na legislação local, conjugada com as informações e reflexos globalizados, são elaborados amplos planos de atuação. De qualquer forma, funcionando o tradicional desenho variado de operações, com saídas múltiplas como meio de se tentar garantir a viabilidade das operações.

Por exemplo, na era do mundo web, a internet banking é obrigatória, e os bancos de ponta foram os primeiros a implantar isso. Com custo altíssimo de implantação, são as tarefas de novos tempos. Desafio que prova a competência de bancos de varejo, que não só desenvolvem essa área complexa, mas que também atuam na outra ponta como *raiders* de mercado de capitais. Significando sempre que os verdadeiros players não descansam na constante busca por aprimoramento, coordenando sempre os melhores esforços para surpreender a concorrência e não por armadilhas do destino.

6

Defesa da Corporação

NO CAPITALISMO COMPETITIVO, o *investment banker* não entra numa operação para perder, via de regra. Mais, bem sabe defender sua corporação contra *raiders* que tentam atacar as empresas do grupo com ofertas de aquisição de todo tipo. É uma atividade bastante vinculada a M&A, Merger and Acquisitions, em que no tabuleiro estão em jogo fatias amplas do mercado de atuação e seu controle. Pois com competência se defende a corporação efetivamente para a posterioridade, muito além de cálculos para bem-estar da tesouraria e sua regularidade.

Sempre houveram muitas fusões de bancos ao longo do tempo. Manter uma placa por anos no mercado financeiro não é mera questão de sorte nem de competência técnica. Muito além, vai também de boa dose de inteligência extra e agressividade calculada dos que se encarregam de defender a corporação. Talvez como em muitas atividades, entra em cena prudência e sabedoria também, que são atributos distintos. Pois não é por genialidade que as empresas sobrevivem, e vale muito mais estratégia sábia de negócios que a complicada engenharia financeira.

Isto é, nesse mercado, o nível já é alto por si só. *Bankers* bem dominam engenharia financeira, técnica contábil e possuem excelente trânsito com as regulamentações de mercado. Mas a efetiva defesa da corporação depende também de algum comprometimento, e senso de perpetuação. Já que por mais brilhante que seja se a corporação juntar profissionais com objetivos altivos em demasia e imediatistas, seu fim pode não ser outro além de esgarçamento da empresa no curto prazo. Já que por mais interessante que seja o brilhantismo da técnica derivativa para enriquecimento ligeiro, o jogo é assim para todos. Nem é preciso lembrar que o risco é sempre proporcional.

Reservas de mercado, oligopólios existem por todo mundo, isso sim é uma desvantagem ou vantagem competitiva, como queira. Mas na arena aberta de concorrência, faz diferença a cabeça voltada para administração consistente, muito mais do que a voltada para lucros imediatos e repletos de riscos operacionais. Os próprios bancos de varejo são prova disso, ganham aos poucos e de forma consistente no cotidiano, enquanto os de atacado possuem ganhos astronômicos num dia e ficam à míngua no outro. Claro que depende dos propósitos e propostas de cada um, mas não se pode considerar assim efetivamente um *banker*, o técnico de alto escalão que ajuda a derrubar a corporação em troca de altos bônus no agora.

Sabe-se bem que nesse meio como em qualquer atividade, uns vão outros chegam, mas alguns tem absoluta tradição na atividade e não o conquistaram de uma hora para outra. Sob mira constante da concorrência, sabem defender a corporação bem, sempre com técnica ímpar que os perpetua na liderança. O exemplo são as ofertas públicas inesperadas, em que numa situação de baixa da cotação e baixa de caixa, pode ser hora de verdadeira montagem de complexa operação de defesa, que muito dependem da competência técnica do banqueiro de investimento.

7

Agressividade ou Arrogância

OS *INVESTMENT BANKERS* SÃO conhecidos pela forma como lideram as operações. Com coordenação, mas também boa dose de agressividade, e não tanto perante aos outros players, outros *bankers*, mas na forma como conduz negociações. Algumas pesquisas apontam que quanto mais qualificados, maior a tendência a formar profissionais arrogantes. Da mesma forma, no topo da pirâmide há uma tendência a apresentar profissionais com esse perfil. Mas não é sempre assim.

Verdadeiros *bankers* precisam ter ampla flexibilidade para contornar situações difíceis. Nem é tanto uma eventual bancarrota ou falta de capital, mas inteligência por exemplo para saber guardar segredos de negócios de forma eficiente seja qual forem as adversidades. Muito além da técnica, com criatividade, precisam ser hábeis em negociações igualmente, otimizando a utilização de trunfos comerciais ou não da forma mais viável e profícua.

A agressividade por agressividade não quer dizer nada. Aliás é o contrário, alavancar operações e forçar a tesouraria, por exemplo, mais se aproxima de grave imprudência. A recente crise subprime, mostra bem que utilizar operações de derivativos ao extremo do bom senso e da razão pode ter severas consequências. Melhor expressando, força sem controle não quer dizer nada. Afinal a proposta é delinear o banqueiro de investimento efetivo e não aventureiros que ganham milhões quebram instituições e precisam sumir do mercado. A nota de rodapé aqui abordada refere-se a *bankers* de instituições seculares, que atravessaram crises e guerras, doravante.

Muitas crises vão e desaparecem depois. Mas sempre, os bancos efetivos vão muito além de tempo e espaço e pelo mundo todo, às vezes confundem-se bastante com política até, onde podem obter salvaguardas básicas. E quando não, influem tradicionalmente em toda a política monetária e cambial do governo de forma efetiva. Para não dizer, com ganhos até escusos obtidos de informações em primeiro grau.

O estudo da economia e bolsa de valores, não possui veredito efetivo sobre projeção futura do mercado. É instável e imprevisível. Muitos sabem que uma crise está para despertar, ou uma pujança, mas a exata distância dos fatos é difícil calibrar. Entrementes isso faz toda a diferença. Pois toda a estratégia mais ou menos agressiva depende de informações qualificadas quanto ao comportamento futuro do mercado. A grande questão é que a agressividade tem hora e lugar para aparecer, às vezes como um trunfo para jamais ser desperdiçado de forma vazia.

Pretensos profissionais que se dizem sabedores de informações na fonte e arriscam tudo com bastante imprudência, a história bem mostra como se dá a sequência de fatos. É agressividade vazia, que funciona repetidas vezes de forma eficiente, mas quando mostra sua imperfeição, esta pode ser tão grave e até irremediável, podendo levar a quebra de uma banco da noite para o dia. Não é de hoje que os derivativos mostram seu perigo, e com doses inadequadas, pode ser irreversível.

É comum como referido alhures, banqueiros de investimento possuírem redes de contatos políticos, em círculos de amigos de longa data, muitas vezes. Certos de seu rumo, calibram todos os derivativos possíveis numa direção cambial, monetária, por exemplo. Mas numa era em que se comenta bastante sobre jogos, o tabuleiro pode virar por forças exógenas e imprevisíveis. É quando a excessiva agressividade de utilização de derivativos e alguns modelos de securitização, por exemplo, podem mostrar seu lado mais sombrio, ríspido e irreversível.

Não que se tenha de banir os derivativos do rol de mecanismos financeiros. Mas que sua dosagem e sucesso depende de boa dose de prudência também. Pois a chamada agressividade no mercado financeiro por ter canais políticos, confundida muitas vezes com arrogância característica, pode acabar mal, bem mal.

De outra banda é elogiável a agressividade no sentido de liderar operações e tomar frente dos negócios de certa empresa. Por exemplo, grupos famosos de empresas podem estar diante de sérias dificuldades financeiras, mas nas mãos de hábil banqueiro de investimento, alguma saída pode ser delineada. Um estudo da *Holding*, seu mercado, cadeia produtiva, ativos e passivos, pode demonstrar viabilidade técnica de acesso a financiamentos alternativos por exemplo. Com equacionamentos societários, troca e cruzamento de participações, que muitas vezes conjugado com estratégia política até podem levar a bom termo. É uma agressividade no sentido de risco por heterodoxia da operação, mas que pode ser o diferencial efetivo. Muito além do papel de mero agente financiador.

8

Banco de atacado ou a força do varejo

AQUELA HISTÓRIA, OS BANQUEIROS de investimento costumam desdenhar dos bancos de varejo, pois mexem com múltiplas contas miúdas para seus padrões. Mas onde está a solidez dos bancos de investimentos ? A área de investimentos costuma ganhar muito com mercados aquecidos, mas em tempos de recessão e crise, nada melhor que os gigantescos bancos de depósitos e singelos empréstimos. Tarjados de banqueiros que apenas fazem contas de juros e outras modalidades matemáticas simples de financiamento, são na verdade desprezados pelos banqueiros de investimento, mas será bem essa a razão ?

Na verdade, o que poucos observam é que o topo da pirâmide bancária é um só. A elite de banqueiros de varejo não só entendem de financiamentos simples, mas quiçá de complexas engenharias societárias e financeiras no mercado de capitais. Aí é que ganham muitas jardas de vantagens em relação aos concorrentes. Já que por motivos óbvios, o banco de investimento é acostumado a jogadas de atacado de amplo volume, mas nunca vão ter a calibragem técnica do banco de varejo, que além do montante administrado, possui boa técnica também muitas vezes.

Não é por outra razão que bancos menores de investimento não conseguem comprar bancos múltiplos de varejo. Pois o banco múltiplo além da calibragem técnica relacionada ao montante administrado, possui geralmente uma linha de frente de banqueiros de elite que não tem medo de arcabouços sofisticados de mercado de capitais. Então os banqueiros de investimentos de boutiques são conhecidos por seus bônus brilhantes, mas bem sabe a lenda que os banqueiros de varejo ganham até muito mais. Fora sua influência e força que é muito mais global.

Vejamos a crise subprime nos EUA. Os bancos de investimentos é que estão numa pior com seus derivativos. Os de varejo também sofreram prejuízos, mas muito menores devido a sua própria alavancagem, visto que não é seu foco.

9

Criando Moeda

POR INCRÍVEL QUE PAREÇA, a criação de moeda, diga-se riqueza é uma realidade graças a mecanismos financeiros. Assim é a emissão de papéis no mercado de capitais, em que de certo ângulo, nada se cria tudo se transforma, mas é feito uma coordenação de esforços em que se cria e multiplica valores para empresas envolvidas na emissão. Isto é, a empresa consegue empréstimos no atacado, ao acessar o mercado de capitais isto sem que o banco em si tenha que buscar recursos obrigatoriamente na sua própria tesouraria. Nesse sentido, a coordenação de esforços cria moeda, apenas com alocação de recursos e cooperação dos envolvidos.

A valorização posterior do papel por exemplo, é situação em que se cria valor num jogo de ganha-ganha ainda que temporário, e de certo ângulo. Pois os detentores de papéis obtêm valorização e criação verdadeira de moeda, com a oscilação para melhor da cotação na Bolsa de Valores. O mercado em si funciona na base do soma zero, em que uns ganham e outros perdem, mas dependendo do ponto de vista, os comprados podem sair todos ganhando com valorização do papel.

Sendo a grande habilidade, criar valor e diga-se moeda, com amplos conhecimentos do funcionamento do mercado de capitais.

10

Bancário de varejo e de atacado

A VERDADE É QUE área de *Investment Banking* ainda é uma dos meios profissionais mais elitistas do mercado financeiro. Basta acessar por exemplo o site da CVM e analisar os nomes de participantes do mercado pra perceber que se trata certamente de uma elite. Via de regra, oriunda de bons colégios e boas faculdades, e pra não dizer famílias relativamente tradicionais.

Bem, mas o que era exceção começa a deixar de ser, e é notória a ascensão de conhecidos banqueiros no país, literalmente do nada, em uma geração de trabalhos apenas. Então temos de 30 ou 40 anos pra cá, a chegada de uma geração de banqueiros que nem classe média era, mas às vezes abaixo até. Mas que trabalhando produziram inegável riqueza para si e para sua sociedade.

Referimos aqui a alguns bancos de varejo, sem tradição, mas que dominam atualmente o cenário nacional. Tornando-se gerador e ninho de muitos outros especialistas com outro perfil. Referimos aqui a uma geração de banqueiros natos, não de sangue, mas de genética intelectual e tino para negócios, que surgiram de bancos de varejo.

Ora, todos sabem que a pretensão de varejistas nem sempre é o atacado. Mas com crescimento amplo e organizado, por que não partir para um campo mais restrito

? Bancos de varejo sólidos possuem uma incomparável carteira de clientes, que surgiram do varejo, e muitas vezes até evoluíram juntos historicamente. A concorrência sempre acha que banqueiro de atacado só pode surgir de uma elite, acima do bem e do mal. Pois eis que se deparam com a surpresa de ver banqueiros surgindo de varejistas, aparentemente sem vocação nenhuma. Subestimar sempre foi um problema, mas nesse caso é visto como vantagem, pois quando menos se espera, o banqueiro de varejo executa com extrema habilidade, complexas tacadas de *Investment Banking*. Que aparentemente apenas barões de sangue azul sabem e podem realizar.

Nem é preciso citar nomes. O noticiário é repleto de banqueiros de investimentos famosos que surgiram do varejo. Aliás talvez dentre os mais empreendedores da geração de bancos de investimento da década de 90. Com mística ou não fato é que o varejo abre portas a muitos talentos, que não conseguiriam ter oportunidade em outras casas bancárias. Pela famosa falta de referências essenciais, afinal dentro de um círculo fechado. E que por uma séria imensa de fatores outros, acabaram por ser engolidos pelos novos banqueiros que foram surgindo. Com expertise de varejo mas cabeça e calibragem para complexas jogadas de atacado.

Uma das razões do elitismo que impera nessa área deve-se à complexidade intelectual das operações. Claro que na área de varejo existem dificuldades também, mas na área de atacado, exige-se uma técnica bastante apurada. Isto porque quantitativamente, são poucas as operações administradas, negociadas e fechadas de certa forma. Mas cada uma exige uma série conjunta de esforços e detalhismo em que falhas podem atrasar e até inviabilizar toda a operação.

De um ponto de vista, nessa área os profissionais são bem remunerados devido ao volume monetário das operações e a responsabilidade envolvida em cada uma delas. Engana-se quem pensa que apenas trabalhar na área é garantia de sucesso. Como sempre, e em qualquer profissão, é exigido grau técnico excelente pois são estruturas em cadeia, em que um detalhe influi no outro. Em vista disso, são operações estruturadas por etapas que duram de 3 a 6 meses, pelo menos. Pois é difícil falar de um negócio de *underwriting*, de compra e venda de empresas, concluído em menos tempo.

11

Bankers e Governança Corporativa

HOJE EM DIA, GOVERNANÇA Corporativa é assunto obrigatório na pauta de discussão. Ainda mais se envolve companhia aberta, mais ampla ainda deve ser essa preocupação. Responsabilidade sócio-ambiental, desempenho da empresa de acordo com os novos tempos, é uma exigência que veio para melhorar a convivência social das empresas. Atualmente, não basta ganhar e lucrar, é necessário a distribuição de dividendos sociais amplo. E depois das mega fraudes de companhias abertas nos EUA e por aqui, no país, o *disclosure*, compliance de regras é amplamente necessário.

Os banqueiros não ficam alheios a todo esse ambiente, e precisam seguir as regras do jogo. Assim, além das habilidades imprescindíveis, precisam ser *experts* em auditoria, e com boa base para trabalharem em conjunto com o Departamento de Relações com Investidores. Para governar uma empresa, não basta chegar e disparar ordens conforme a hierarquia tradicional, sem seguir padrões modernos de um código de comportamento corporativo. Nesse sentido que muitas empresas desenvolvem seus códigos de Governança Corporativa em conjunto com *banker*s.

Sendo uma exigência básica, que os *banker*s além de trânsito habitual pelo circuito empresarial, tenham uma mente voltada para a empresa almejando lucros mas dentro de um contexto moderno. Jogadas sempre vão existir, mas cada vez mais é necessário justificar os passos e decisões dentro da corporação. Pois a idéia é a de que acionistas tenham acesso justo ao processo decisório, sem desvantagens abusivas.

Os investidores precisam também ter acesso ao acervo de dados tão como de planejamento, elaborados e administrados pelos *bankers*. Num exercício legal de confiança depositada, a empresa deve ser administrada dentro de um ambiente de transparência de contas e decisões sempre. Com abundante prestação de contas, com colaboração de *bankers*. Mesmo que ávidos por seus bônus milionários, através de operações montadas em volta da respectiva empresa.

12

Boutiques de Investimentos, "Capital & Partners", banqueiros de investimentos sem banco

NA ESTEIRA DA HISTÓRIA, depois de cargos executivos, muitas vezes os *investment bankers* partem para formação de consultorias refinadas de *Investment Banking*. Pois na onda de fusões, incorporações, há muita movimentação no mercado, e partir para consultoria no setor pode ser uma solução razoável. Lógico que sem as mega estruturas que os bancos de investimentos possuem geralmente, mas que de certa forma correspondem a realização de trabalhos de mesma complexidade, talvez apenas por outro ângulo. Nesse contexto surgem consultorias especializadas, com operações complexas de atacado, que ex-*banker*s sabem executar com maestria.

Será possível ser um banqueiro de investimentos fora de um banco ? Pois dizer que são meros consultores, é pouco certamente. Mas se estão fora do epicentro de poder, pode-se dizer que estão administrando um tempo de carreira, enquanto o mercado não se aquece de novo. Pois o ritmo intenso que é o mercado de IPOs , ofertas de valores mobiliários, e M&A quando do mercado aquecido, não é eterno. São ciclos que vão e voltam, mas nesses intervalos de carreira banqueiros acabam por montar grifes de investimentos. Com clientes da época do banco de investimentos, geralmente com poucos negócios giram valores fabulosos proporcionalmente, dentro dessa escala menor.

Afinal o banco não consegue arcar com ônus de pagar bônus milionários eternamente, e em épocas de recessão, precisam realizar ajustes e cortes, inclusive na cúpula. Consequentemente, os *banker*s partem para caminhos sem a mega estrutura do banco, mas com a mesma cabeça de banqueiro habitual. Então as consultorias que surgem, são extremamente elitizadas e apenas compõem soluções diferenciadas para os tradicionais clientes do banco. Empresas, fundos e *Holding*s familiares ou não, com amplo patrimônio. Já que nunca é demais ter por perto um hábil banqueiro, que num telefonema, num estudo minucioso, pode resolver graves e por vezes estratégicos problemas empresariais.

Assim são consultorias que nascem concentradas em trabalhos de amplo porte. Pois engana-se quem pensa que saindo de um banco de investimentos tudo se desfaz de uma hora pra outra. Realmente a consultoria é um trabalho bem mais repleto de obstáculos. Mas o verdadeiro *banker* sabe aprimorar e mostrar seu lado marketeiro, para através de um *think tank* concentrado, chegar em grandes clientes e operações. Banqueiro de investimentos de verdade, vive repleto de equações e malha de empresários, que os seguram no jogo. Os players por natureza, não ficam muito tempo fora do jogo e logo desenvolvem mega operações. Até sua volta a cargos em bancos de investimentos, e fundos *private equity* que ajuda a constituir.

13

O próximo desafio: Corretoras de Valores com vocação para serem Bancos de Investimentos ?

OUTRO MEIO MUITO ADOTADO para se chegar ao *Investment Banking* propriamente dito, é desenvolvimento de trabalhos a partir de corretoras. Com a distribuição de valores mobiliários, ganha-se nome e força no mercado. O próximo passo é coordenar distribuições para então depois montar um leque de serviços financeiros. Que englobarão desde a administração de fundos de investimento, linhas crédito variadas, até operações de *underwriting* mesmo.

Com a bovespa chegando novamente nos 70 mil pontos, a crise vai passando, e o Dow Jones vai avançando além dos 10 mil. É inegável que uma nova era de *brokers* vai surgindo. As corretoras de varejo, focadas na pessoa física ganham força, e crescem repentinamente na batida da Bolsa de Valores. É verdade que como sempre, surgem novos milionários. Literalmente novos, nessa geração *Home-Broker*. Com ensaio de céu de brigadeiro novamente, qual o horizonte dessa geração que chega ? Assim como alguns banqueiros de investimentos saem da área de *underwriting*, emissão de valores mobiliários, para fazerem sucesso na mesa de operações. A vocação da corretora pode ir além e fazer planos de formar banco de investimentos efetivamente.

Se não forem modestos os planos, os banqueiros no papel de operadores, podem planejar transformar suas corretoras de valores em agressivos bancos de investimentos, desde que comece a maré de altas. Pedalando e saltando de uma DTVM para uma categoria superior, a de banco de investimento, com poderes mais amplos no mercado. É o sonho de muitos *bankers* que saem de grandes casa de *Investment Banking* do mercado, transformar corretoras modestas em agressivos bancos de investimentos. Tocar operações de M&A, Mergers and Acquisitions, fazer o trabalho integral de preparar a empresa para lançar papéis na Bolsa de Valores, etc.

A questão nem é o capital, o drive é mais político e play financeiro. Pois de fato, há donos de corretoras de valores que já saíram na mídia em reportagens sobre como fizeram o bilhão de dólares, sem entrarem na categoria banco. Portanto, ser banco de investimento pode a vir a ser opção de planejamento empresarial do grupo, muito mais devido ao tipo de atividade a ser exercido. Pois alguns banqueiros de investimentos são muito habilidosos em atividades específicas de alto retorno e grau avançado, como é o caso de M&A . São operaçoes diferentes em relação ao desempenhado pela mesa de operações e oscilação bursátil. Mas também podem render milhões, e acarretar bons lucros ao cofre do banco.

Entrementes, são atividades bem diferentes. Uma coisa é administrar fundos, outra coisa é ganhar com operações de compra e venda de papeis na Bolsa de Valores, e outra ainda é o trabalho de articulação relacionado ao corporate finance. Em vista disso, muitos *brokers* natos, muito embora tenham tudo estruturado para serem bancos de investimento, podem ficar e fincar bases muito sólidas e bem-sucedidas na categoria *Brokerage*. No fundo é aquela história da vocação, uma vez encontrada e traçado o perfil, por incrível que pareça pode ser mais lucrativo, e apresentar melhor horizonte, manter-se na categoria *Brokerage*, do que fazer um hipotético upgrade de categoria operacional. Pois esse sonhado upgrade pode significar o começo de uma outra estrutura, complexa demais e com outro enfoque que foge ao escopo da atividade e correria da Bolsa de Valores em si. Pois a linha pode ser mais estratégica, de lucros fabulosos, mas muito mais demorada. Fora os prejuízos que podem ser consideravelmente bem mais pesados.

Assim, se por um lado alguns banqueiros de investimentos sonham ter sua própria casa bancária de investimentos, formando-se a partir de corretoras de valores, outros vislumbram nisso um upgrade desnecessário. Ficar na mira do Bacen, atender a graus de solidez da Basiléia, encaixes de tesouraria, lastro, milhares de regras de auditoria e contábeis, pode ser um ônus desnecessário. Vai do objetivo de cada um, obviamente. Mas do ponto de vista financeiro, do lucro em si, certamente um banco de investimento gera uma sombra de elefante que pode complicar mais do que ajudar na paz geral do grupo empresarial. Possível sim é que nessa era de *Home-Brokers*, surjam mega corretoras de valores, com mais poder de fogo que bancos de investimentos menores, mesmo com base em clientes de varejo. Ser banco pode ser um eldorado de capital e sucesso, mas na era do *Brokerage* virtual, com bandeira fincada na categoria corretoras de valores, passar necessidade, vai passar bem longe desse pessoal.

PARTE II

IPO, o Investment banker e o Mercado de Capitais

"A altivez excessiva precede a queda"
(provérbios de Salomão)

"Na verdade os estratos superiores da sociedade são como hotéis que estão cheios de pessoas, mas pessoas que estão continuamente mudando. Trata-se de pessoas que são recrutadas de baixo, numa extensão muito maior que do que nós estamos dispostos a admitir"
Joseph Schumpeter,
"A teoria do Desenvolvimento Econômico"

1

IPO, trabalho padrão do *banker*

A ABERTURA DE CAPITAL é tema em alta no momento, no país. Finalmente o Mercado de Capitais Nacional parece estar deslanchando, com diversas ofertas públicas iniciais de empresas de diversas áreas. Sem esquecer que se por um lado a captação pode ser de ampla magnitude, de outro lado, há uma burocracia necessária a ser seguida durante esse processo. Desvendando o raciocínio embutido que norteia toda a lógica desse processo, verdadeiro divisor de águas na vida da empresa em questão.

Vale lembrar que há momentos cruciais no processo de IPO. Como é o caso do *valuation* realista, das exigências da CVM, do registro na CVM, da estréia em si na Bolsa de Valores. Mas que como em todo roteiro de trabalhos, depende de outros fatores que podem passar despercebidos, em segundo plano. Já que por exemplo, para se obter um *valuation* realista, é necessário muito mais que esforços de cálculos e projeções técnicas. Mas sim uma empresa consistente e forte o suficiente, pra enfrentar os solavancos do mercado de capitais. Com euforia que reflita em boa parte, a propensão de investidores e acionistas, em relação a empresa. Doravante, empresas que nascem de um mero entusiasmo momentâneo, possuem sim, grandes chances de enfrentarem o ceticismo de investidores. E infelizmente, ao longo do tempo, uma performance que deixe a desejar, tende a se transformar em verdadeira equação para se fechar o capital depois.

Outro momento que requer extremo cuidado refere-se aos preparativos para se obter o registro na CVM. Os players que costumam organizar os processos de IPO costumam ser os mesmos não por acaso. São sempre os mesmos bancos de investimento, os mesmos escritórios de advocacia, as mesmas auditorias. Por uma razão muito simples e lógica: são processos que custam caro, caro o suficiente pra que nenhuma empresa candidata ao IPO queira correr riscos de ter a operação negada. É verdade que também na mesma velocidade que ocorrem tais processos, também se multiplicam os bons profissionais. Nisso, a tendência é a de que outros players comecem a surgir, oferecendo também os serviços para esses processos, com competência adquirida. Com alto detalhismo, são operações de interface com o governo que assim como em qualquer outro, exigem expertise de profissionais que já sabem de antemão, os pontos que costumam gerar controvérsias. Como sempre, isso faz toda a diferença, pois acesso à Lei, todos têm.

2

Estratégia de não fazer IPO

Por que algumas empresas extremamente lucrativas não querem abrir o capital ?

Por incrível que pareça, nem todos os empresários sonham com sua empresa na Bolsa de Valores. Por um motivo muito simples e natural: na Bolsa é preciso dar satisfação aos investidores, de todos os movimentos da corporação, informando sobre todas as atividades, estratégias e doravante, até segredos. Em contrapartida, a verdade é que há grupos empresariais extremamente lucrativos e bem-sucedidos que não tem a pretensão de crescer além, e compartilhar relatórios e fórmulas confidenciais com o mercado. Outros não pensam assim, e além dos horizontes, planejam internacionalizar o grupo empresarial e conquistar mais espaço, com a força do Mercado de Capitais.

Fora o que, infelizmente a mídia divulga as benesses do IPO para todos aparentemente. Mas profissionais do ramo bem sabem da estrutura jurídica, contábil e financeira necessária para arcar com essa estratégia. Num patamar que assim como lida com captações quase bilionárias, também têm custos bem elevados e de certa forma proporcionais. Devido a complexidade de documentos e números, poucos escritórios, auditorias e consultorias podem de fato se habilitar a atender clientes e operações de tal calibre. Isso sempre foi assim, e sempre vai ser. Pois assinar papéis e documentos diversos e divulgá-los no mercado exige incontestável credibilidade. Ainda mais depois de fraudes corporativas recentes de multinacionais, de ampla repercussão, para surpresa geral do mercado.

Nessa linha, comenta-se frequentemente a necessidade da cultura corporativa para entrar nessa nova fase. E pelo seu próprio conceito, cultura é algo que vai se formando paulatinamente no dia-a-dia da empresa, com toda uma preparação para saltar de vez no Mercado de Capitais.

Enfim, enquanto uns sonham em abrir o capital, outros com bastante razão querem passar longe das Bolsas de Valores. Com estrutura peculiar e métodos de trabalho próprios, de maior expressão até do que muitas empresas abertas, algumas companhias preferem o anonimato. Às vezes até mantêm tal decisão com bastante acerto e propriedade até. Vale ressaltar que a Bolsa de Valores não é necessariamente o único meio da empresa alcançar lucros fabulosos. Muitos grupos empresarias, como o de medicamentos e genéricos no país, vão longe e geram lucros o suficiente destarte não serem sempre Cia aberta.

Então a conclusão que se chega é que abrir o capital envolve vários fatores, e muitas vezes, se a empresa vai bem, o IPO pode ser desnecessário. Vai muito da concorrência também, pois se as empresas do mesmo setor caminham nesse sentido, a resistência pode implicar nos riscos do atraso. Em último grau pode significar uma progressão no caixa da empresa, que se não acompanhar a concorrência pode gerar defasagem e até risco de ser objeto de oferta inesperada, a ser realizada pela empresa concorrente já pública e capitalizada.

Aventureiros no Mercado de Capitais

Quem não se lembra de episódios recentes de empreendimentos no Mercado de Capitais, cercados de marketing e que naufragaram. Há conhecidas histórias que viraram inquérito na CVM. Outros não chegaram a tanto, e simplesmente organizaram emissões por parte de empresas que nunca decolaram, mas sem maiores repercussões. Agora, e quem não se recorda também das estrelas de investimento da década de 90, e que com a evolução dos fatos, foi se ofuscando ? Fundos, bancos, empresas, muitos passaram e sempre tentam tirar alguma lição ou fazer fortuna na Bolsa de Valores, transacionando valores mobiliários. Mas os players que permanecem até hoje, sob chuvas de processos, concorrência acirrada, e política que muda a cada virada, são os mesmos não só aqui no país.

O que fica nítido sempre é que existe sim, muito marketing, jogadas de efeito, privilégios e um excessivo espírito rainmaker. Só que as estações vão passando, e muitos ficam na memória, junto com todo o toque de Midas. Mas os players mesmo, continuam na arena, a defender cada detalhe de suas corporações. Pelo mundo todo. Passam as fraudes, vêm as novas Leis, numa era foi a hiperinflação, uma hora é câmbio fixo, outra é flutuante, mas empresas corporações sérias, blue chips efetivas, têm alicerces muito bem projetados e protegidos. A brincadeira, o drive é outro, são milhares de empregos diretos e indiretos envolvidos, são vidas afinal, histórias que não podem ficar à mercê de astutos *investment bankers* e empresários.

Não é à toa que o governo está sempre vigilante, e faz apurada análise de cada movimento no mercado. Até, quando se envolvem passos adiante de mega corporações, a discussão chega no Gabinete da Presidência da República. Um movimento desavisado, e a marola é razoável, de considerável proporção. Pior, notório é que as intenções de operações societárias no Mercado de Capitais, e de M&A por exemplo, só com o tempo mostram sua razão. Mas aí, quando já se vendeu patrimônio, e a concorrência já está jardas adiantada, é tarde.

3

Escolha de Assessores e Coordenadores

Advogados

As bancadas jurídicas que costumam conduzir as operações de IPO e ofertas públicas, são sempre as mesmas. Escritórios de renome, estruturados para equacionar todo o roteiro para operações de atacado. Escritórios dantes não conhecidos também estão conquistando espaço neste mercado, com complexa organização de documentação, um trabalho especializado, praticamente ao custo de um bom imóvel, a cada operação. Mas é enganoso analisar somente do ponto de vista de retorno relativo, pois nesses processos, muitas vezes aparecem nós complicados até para experientes advogados.

Muitas vezes a empresa candidata ao pretendido IPO, geralmente já possui um braço jurídico de confiança. Opta por seguir todo o trajeto através e baseada em escritório já conhecido. De fato, os escritórios menores estão se armando tecnicamente pra entrar nessa área de processos junto a CVM. Mas verdade é que se mesmo entre os principais do setor, a disputa por clientes já é considerável, a distância entre uns e outros pode ser razoável. Talvez não do ponto de vista da qualidade técnica, mas muito mais decorrente de entraves e dificuldades que podem aparecer em cada processo. Como em qualquer área profissional, histórico no setor e experiência costumam fazer diferença nessas horas.

Auditores

Auditoria vai muito além de balanços e balancetes. Ainda mais em tempos de Sarbanes-Oxley, a contadoria envolve toda uma análise realista de dados da empresa, com efetividade e propriedade. Fraudes em anos recentes, mostram que quilos de documentos podem, ao invés de isentar de culpa, atestar sim a inabilitação da empresa. O toque de realismo e adequação a cada caso é então um dos princípios mais importantes. O desaparecimento recente de uma das maiores auditorias do mundo, bem mostra que credibilidade é tudo, ou quase tudo.

O trabalho com USGAAP e BRGAAP mostra que o trabalho envolve expertise para traduzir em boa linguagem, balanços de empresas para diferentes investidores. Transmitindo com boa dose de possível praticidade, itens relevantes dos demonstrativos financeiros. Mostrando da forma mais perceptível possível se a empresa está alavancada ou não, com muitos débitos de longo e curto prazo, se a estrutura da tesouraria suporta outros mecanismos e variações na alocação de ativos e passivos. Enfim, não basta retratar a empresa, mas sim há exigência de retratá-la de forma realista e bastante inteligível aos mais variados tipos de investidores.

Bancos de Investimento

Em última análise, o banco de investimento é que compra a briga, de tocar a operação e torná-la bem-sucedida. No páreo, nacionais e estrangeiros, de frente em busca da liderança de uma das áreas mais lucrativas do mercado bancário. Bancos de Investimento internacionais, dispensam apresentações. Mas há duas ressalvas, a legislação exige know-how dos trâmites locais, e o outro detalhe é que dentre os bancos nacionais que sobraram na área de investimentos, alguns são verdadeiros *raiders* de varejo, acostumados a comprar inúmeras casas bancárias em sua trajetória de sobrevivência. Em suma, é uma escolha privilegiada atualmente, com boas opções para quem quer ter uma assessoria à altura da Bolsa de Valores brasileira.

Numa época de fraca demanda para valores mobiliários e ofertas, a garantia firme fazia muita diferença. Já que caso não conseguissem vender tudo, os bancos de investimento ficavam com a parte não subscrita e firmemente garantida. Atualmente, com a demanda forte, e mesmo engasgada de IPOs, a colocação via melhores esforços tornou-se viável muitas vezes. Mas em qualquer situação, e principalmente nas ofertas *cross-border*, internacionais, a importância e relevo do banco de investimento é sempre diferencial entre sucesso de coordenação ou não.

Consultores

Em destaque, estão atualmente as consultorias de Mercado de Capitais. Formadas por profissionais experientes em ofertas públicas, Governança Corporativa, Novo Mercado e interface com a CVM, contribuem para o preparo de empresas que almejam passar para essa fase, e para as que estão dando os primeiros passos nesse novo campo. Auxiliam na estruturação de Departamento de Relações com Investidores, e no desenvolvimento da cultura corporativa. Adaptando a empresa ao cenário volátil, sedento de informações e de resultados, como é o mercado financeiro. Relatórios bem preparados, informes claros, movimentos ajustados podem contribuir decisivamente para o andamento da empresa e até seu marketing.

4

Viabilidade Técnica

Por que algumas empresas não tem condições de acessar a Bolsa de Valores ?

É um movimento conjugado, se por um lado o acesso está melhor, de outro as exigências estão cada vez mais específicas e técnicas. Nem todas empresas lucrativas querem acessar o Mercado de Capitais, e revelar sua fórmula. Dentre as que assim planejam, nem todas possuem estrutura e organização para atender as exigências do governo que policia o Mercado, e de acionistas. Vale destacar, que no país da informalidade é difícil cumprir todas as regras, básicas. Não atingida ou mantida essa regularidade, que dizer de encargos e complicações além.

Uma nota de realismo bem mostra que várias empresas, mesmo lucrativas, tem problemas tributários, previdenciários, de autorizações diversas, alvarás, de REFIS até, que mal conseguem coordenar. Que seria então, se a isso forem somados os relatórios financeiros obrigatórios, informes oficiais, balanços auditados, e mais encargos e taxas etc. Num passe de mágica o IPO pode vingar e capitalizar a empresa substancialmente, zerando os eventuais débitos. Mas depois a empresa precisa viver, e para tanto precisará de fluxo de caixa e organização regular.

Por que o Método de Fluxo de Caixa Descontado falha ?

O método muito utilizado de *valuation*, via fluxo de caixa descontado, é cercado de projeções que podem não se confirmar. Não se confirmando, o problema enfrentado não é grave, é gravíssimo, pois provavelmente boa parte da estratégia da empresa vai falhar. Baseado em cálculos que se assemelham ao método como é feita projeção de títulos, financiamentos comuns, ou até mesmo ganhos com aluguéis e salários, num determinado período de tempo, é cercado de hipóteses. Situações, entretanto, que quando não se confirmam mais se aproximam de verdadeira planilha de marketing para um mercado entusiasmado.

E falha por razões óbvias, pois muitas vezes é calculado a partir de premissas irreais. Geralmente imaginando que a aceleração de um investimento p.ex. irá trazer retornos numa dimensão e velocidade aparentemente possíveis, mas só no âmbito teórico. Qualquer mercado é complicado, ganhar alguma jarda é sempre tarefa de extremo esforço, a ser feito paulatinamente. Então acreditar, num momento de euforia que o crescimento será exponencial, infelizmente na maior parte das situações, é verdadeira miragem.

Mas é claro que se analisado conjuntamente com outros dados e métodos de avaliação, como o histórico da empresa e de concorrentes, projeções menos irrealistas podem servir. Business Plans, malgrado muito associados a avaliações estapafúrdias de empresas de internet, mais próximas estavam de ser caso de polícia. Não foi outra a resposta do mercado, que naturalmente rejeitou uma a uma, sobrando apenas as que tem alguma viabilidade ou reconhecida utilidade.

ESTUDO DE VIABILIDADE

Art. 32. O pedido de registro de oferta pública de distribuição de valores mobiliários emitidos por companhia deverá ser instruído com estudo de viabilidade econômico-financeira da emissora quando:

I - a oferta tenha por objeto a constituição de companhia;
II - a emissora exerça a sua atividade há menos de dois anos e esteja realizando a primeira distribuição pública de valores mobiliários;
III - a fixação do preço da oferta baseie-se, de modo preponderante, nas perspectivas de rentabilidade futura da emissora;
IV - houver emissão de valores mobiliários em montante superior ao patrimônio líquido da emissora, considerando o balanço referente ao último exercício social, e os recursos captados visarem à expansão ou diversificação das atividades ou investimentos em controladas ou coligadas; ou
V - a emissora tenha apresentado patrimônio líquido negativo, ou tenha sido objeto de concordata ou falência nos 3 (três) exercícios sociais que antecedem a oferta.
Parágrafo único. No caso de valores mobiliários representativos de dívida, a apresentação de estudo de viabilidade será obrigatória para as hipóteses listadas nos incisos, II, III e IV do caput, podendo tal documento ser:

I - dispensado, se os valores mobiliários tiverem prazo de vencimento inferior a 1 (um) ano, contado a partir da sua data de emissão; ou
II - substituído, nos demais casos, por classifica-

ção efetuada por agência classificadora de risco em funcionamento no País, que deverá ser divulgada de forma integral.

5

Prospecto da Oferta de Valores Mobiliários

NA ERA DA INTERNET, o prospecto é conhecido por todos, e amplamente disponibilizado via rede. Então, o desafio não é mais o seu acesso, antes restrito ao material impresso, publicado e amplamente distribuído. Por lidarem com investidores e acionistas cada vez mais esclarecidos, a questão agora é outra. Qual seja, a precisão e boa técnica de informações divulgadas. Pois nessa leva de IPOs que ocorreram em 2006 e 2007, os investidores estão cada vez mais habituados e atentos aos detalhes dos prospectos.

Os pontos principais do prospecto são notórios, preço de emissão, forma de colocação e distribuição dos valores mobiliários, coordenadores da oferta, forma de remuneração se for renda fixa, etc. Mas vejamos como se insere este documento dentro da lógica do IPO.

Qual a lógica do Prospecto no Processo de IPO ?

Pode-se dizer que o prospecto é documento no mínimo híbrido, pois se por um lado cumpre as exigências da Lei, da ANBID, e é elaborado por motivos legais por outro não deixa de ser uma material de marketing e publicidade da operação, bula de sua técnica. A razão de ser de cada item divulgado no prospecto está refletida na própria história do mercado de capitais. Bem no início, o prospecto nada mais se configurava do que um panfleto de publicidade de uma operação financeira, um investimento.

Mas com o tempo, as fraudes e necessidades de esclarecimentos, o material foi melhorando e se aprimorando. Os fatores de risco por exemplo, são nítido alerta contra problemas adversos o qual os investidores estão sujeitos na aplicação. Engloba muito mais que os próprios fatores da economia, suas instabilidades constantes, e evidencia um cuidado com o próprio setor de atuação da empresa também.

Petróleo, por exemplo, é sujeito a crises e guerras frequentes em pontos estratégicos do mapa mundial. Acordos, estoques, demanda de acordo com a estação do ano, problemas de logística, greves, enfim muitos fatores impactam severamente o cotidiano de empresa do gênero. Os valores mobiliários emitidos certamente vão sentir as instabilidades envolvidas. É risco inerente ao negócio também, que associados a planos econômicos, por vezes pacotes, e outras descontinuidades na evolução dos acontecimentos, complicam a performance do papel na Bolsa de Valores.

Pra quem chegou agora no Mercado de Capitais, o prospecto pode parecer uma burocracia desnecessária, um excesso de informações. Ao contrário, a história do mercado de capitais mundial mostra sim que é documento essencial e indispensável, muito mais do que um informativo pro-forma. Uma das razões óbvias é que o mercado não é tão simétrico assim, e se deixar cada um recebe a informação de um jeito, e de acordo com sua capacidade e instrução. No mínimo, como documento padrão, tenta gerar certa uniformidade nas informações divulgadas, evitando grandes dissiparidades de dados.

Assim, a informação básica da operação deve chegar igual nos quatro cantos do mapa. Sem privilégios, que não só ilegais, causam assimetrias na operação que depois são justamente penalizadas. Daí pra frente, recebido o prospecto, cada qual tem a liberdade de entender da sua melhor forma e de acordo com sua capacidade de análise. Na sequência, investir de acordo com suas conclusões, e modo, método de avaliação geral.

Lógico que como sempre, há as informações oficiais e as extra-oficiais que devem bater com as primeiras. A obrigação de todos os candidatos ao IPO é começar no Mercado de Capitais, sem se esvair disso desde o começo, levando à sério suas pilastras desde já. Mas como o Mercado é de certa forma imprevisível, o governo está sempre atento para garantir a licitude das operações e combater suas irregularidades e assimetrias de origem duvidosa.

Por que o prospecto deve ser submetido à análise da CVM ?

Por motivos óbvios, o processo precisa da autenticação e autorização do governo, afinal a fé pública de milhares de investidores, acionistas está em jogo. Também por razões naturais, se deixar a empresa informa o mínimo possível, deixando no ar questões importantes. Pois não é do interesse da empresa que muitos dados estratégicos sejam revelados indistintamente ao público e aos concorrentes. Mas a falta de dados e sua divulgação enviesada é que requer total cuidado por parte de todos envolvidos na operação, para evitar prejuízo de alguns em benefício eventual de outros.

A especulação em cima de informações faz parte do cotidiano do mercado de capitais, e pode tudo correr em até que apareça uma crise de considerável proporção. E infelizmente, muitas crises ocorreram na história do mercado financeiro internacional e local, até se chegar a um consenso da necessidade da vigilância do governo. Assim, a legislação bancária e de mercado de capitais, com seus regulamentos, instruções, foram e são lapidadas pelas diversas experiências passadas.

Assim como os anúncios e fatos relevantes, o prospecto é manifestação da empresa de extrema importância. Sendo na realidade um instrumento bastante técnico, quer sua natureza não pode ser desvirtuado por imprecisões, e falta de clareza, devido *disclosure* ou de informações essenciais. Afinal, todos que aplicam qualquer centavo na operação, desejam estar cientes dos planos da empresa para os próximos anos. Mais importante, se são planos consistentes, factíveis e realistas ou arrimo vazio para concretizar a mega captação na envergadura atual.

6

Registro

Por que o registro pode ser negado ?

Um dos momentos cruciais do processo de IPO, aliás de toda oferta pública de valores mobiliários no Mercado de Capitais, é a autorização da CVM para a operação ocorrer concedida através de seu registro. É quando a operação ganha código, série, e fica definitivamente memorizada e categorizada nos sistemas da autarquia. Entretanto é um processo criterioso e bastante rigoroso, que pode resultar em denegação de registro para o IPO. Hoje, os advogados e banqueiros, que preparam toda a documentação, estão cada vez mais cientes dos possíveis entraves que podem surgir. Assim, de antemão, tentam ser bastante exigentes em relação ao perfil da empresa candidata ao IPO.Assim, além de um fluxo de caixa compatível, e estratégia de relevo no seu mercado, a empresa deve possuir um sistema de dados e documentos interno bastante ágil, organizado e versátil.

Pois é aí que se dividem os especialistas dos outros. Já que as grandes bancadas de advogados do mercado de capitais, bancos de investimento, bem sabem que muito embora tenham elevada expertise, estão aquém de fazer o impossível, de levar empresas sem estrutura à Bolsa de Valores. Exemplos históricos como o episódio do Encilhamento, mostram que num momento de euforia aparecem empresas de todo gênero querendo acessar a Bolsa de Valores. Assim também o foi a bolha da internet em 2000 nos EUA. Mas é preciso entender que o mercado bursátil vai além de uma captação inicial, e refere-se a toda mudança na estrutura da empresa. Não é por outra razão que o governo, através da CVM zela para que o Mercado de Capitais evolua num todo, e não seja arena para que oportunistas façam captações quase bilionárias, sem outra efetividade. Afinal, se mal empregado e mal administradas, as empresas que abrem o capital tendem a gerar extrema desconfiança nos investidores. Que pode resultar no tradicional movimento de investimentos em blue chips, deixando de lado as novas empresas, empreendedoras. Por derradeiro, fechando portas a outras.

Cumprimento de Exigências da CVM

Crucial no processo de autorização para realizar o IPO, é a fase de cumprimento de exigências da CVM. Depois de preparada toda a documentação e juntados os relatórios, entra-se com o pedido de registro para ser analisado pela CVM. Depois de ser rigorosamente avaliada, a operação deve passar pelo crivo do governo, quando então analistas da CVM verificam o atendimento da Lei e respectivas Instruções com regras sobre Cias. Abertas.

Normalmente as exigências podem ser atendidas, com maior ou menor coordenação de esforços, técnica e trabalhos. Entretanto podem surgir situações extremas em que o atendimento de exigências pode ser de alta complexidade. Um exemplo comum de exigências relativamente complexas refere-se a casos em que há necessidade de outra reunião e deliberação de acionistas em Assembleia. Em outros casos, de emissão de debêntures por exemplo, pode ser necessária uma nova decisão pelo Conselho, sobre a matemática financeira que calcula a remuneração do papel. Parece mera rotina societária, e de fato não há nada de novo, mas há todo um trâmite para sua organização.

A questão toda nos processos que envolvem exigências da CVM, parece ser em definitivo a devida preparação prévia, com toda cautela. Isto é, pra evitar o surgimento de uma lista imensa de exigências que podem até significar temeridade do processo in casu, é prudente um bom preparo da documentação. Profissionais experientes fazem a diferença nessas horas, pois sabem exatamente os pontos que costumam ser controversos. Mas com boa antecedência e devido rigor na organização dos documentos, o processo de registro de IPO pode transcorrer naturalmente.

7

O Advogado de Mercado de Capitais

FIGURA ESSENCIAL PARA O desfecho bem-sucedido da operação de IPO e de outras ofertas sujeitas a registro, é o advogado de mercado de capitais. Trabalha junto com o *investment banker* e coordena a parte de documentação legal. Dentre seu trabalho, destaca-se a petição de registro na CVM, a elaboração do prospecto e de todos os informativos relacionados. Como todo trabalho jurídico, exige expertise específica pois um movimento errado pode gerar atrasos e até mesmo falhas de difícil saneamento posterior. Ainda mais pelo alto valor envolvido, destaca-se pelo movimento de precisão, com muito estudo prévio e agilidade numa compatibilidade necessária ao trabalho dos bancos de investimento.

Muitos associam o trabalho de advogados com o cotidiano de tribunais pelo país e mundo todo. Mas nem sempre é assim. Pela própria exigência profissional, o advogado por natureza precisa conhecer a área contenciosa, saber redigir uma petição e conhecer os trâmites processuais. Mas o advogado de Mercado de Capitais, frequentemente, tem pouca vivência de Fóruns, sendo sua especialidade maior a parte preventiva e consultiva. Mas também há os que atuam em contencioso específico de Mercado de Capitais, sendo por exemplo os que atuam em processos envolvendo conflitos de acionistas, minoritários ou não, conflitos em fusões e aquisições, no processo de privatização brasileiro, etc.

Tipicamente o advogado de Mercado de Capitais, atua junto ao empresário e *investment banker*, oferecendo suporte jurídico às operações, de acordo com sua licitude. Com bom trânsito nas instruções da CVM, e na Lei das Sociedades por Ações, Regulamentos do BACEN, e princípios básicos da área Cível, o advogado de Mercado de Capitais é o que vai canalizar e galvanizar a continuidade dos acordos e planos firmados. Com suporte da área tributária e de contadoria, arquiteta as operações sofisticadas de Mercado de Capitais. Onde, além e aquém dos números, artigos e leis, às vezes escondem-se os planos mais ambiciosos de apertar a concorrência, seus executivos, seus trunfos revelados.

Um detalhe curioso é que ao contrário de processos que correm na Justiça, em que de antemão se sabe qual o pedido, os processos societários são geralmente cercados de verdadeira incógnita. Uma fusão, uma oferta pública de permuta de ações, um aumento de capital, e operações assemelhadas, às vezes só com o tempo revelam o propósito de sua engenharia. Depois de 5 ou 10 anos, às vezes revelam então sua finalidade. Envoltas de uma confusão instalada no seu momentum, é com o passar do tempo que tudo se consolida e por exemplo um controle é efetivado. Aí quando vai ver, aquela *Holding* que aparentemente não tinha nada a ver, controla boa parte dos passos do conglomerado, eventualmente até não mais dentro do país.

8

O *Investment banker*

O BANQUEIRO DE INVESTIMENTO é peça-chave de todo o processo, do começo ao fim. Atuando dentro de um banco de investimento, é o responsável por coordenar toda a operação, desde sua originação até sua liquidação. É verdade também que possui uma elevada remuneração, geralmente como bônus das operações que consegue fechar, mas é verdade também que seu trabalho vai bastante além de apurada técnica e alinhamento com outros principais investidores.

Pois ao mesmo tempo que precisa ter pleno conhecimento de toda engenharia financeira, com versatilidade para fazer cálculos e projeções realistas, precisa de todo o aparato profissional para poder gerenciar as operações. Num processo de IPO, há movimentação de mais de 10 profissionais diretamente, dentre analistas, contadores advogados da empresa e dos coordenadores, empresários, etc. Fora os participantes secundários como corretoras, distribuidoras e outros profissionais. É o *investment banker* que coordena os esforços em torno do fim comum que é a realização final da operação na Bolsa de Valores. Lógico que também não basta coordenar, é preciso ter a sorte e competência de ser bem-sucedido em sua função, e conseguir numa ponta estruturar e na outra liderar a venda do produto.

Pra completar, o *investment banker* tem um feeling inato mas também lapidado, de como selecionar as melhores candidatas ao IPO, tão como a habilidade de gerenciar possíveis dificuldades que possam surgir no trajeto. Por exemplo, mesmo num mercado de capitais aquecido, o *investment banker* de fato, não compra e lidera qualquer operação. Os custos são altos, e são cientes das dificuldades posteriores que cercam uma empresa sem devida calibragem pra tal atuação.

Em relação ao banqueiro de varejo, o *investment banker* é o que organiza consórcios para grandes investidas no mercado de capitais. Geralmente, sendo imprescindível boa carga de conhecimentos societários, tributários e contábeis para equacionar empréstimos e financiamentos em larga escala. No Brasil devido a legislação local, muitos *investment bankers* tem origem em bancos de varejo, mas muitos surgem já na área de investimentos mesmo, na esteira da evolução do mercado de capitais.

9

A ilusão da Bolsa de Valores

NO COMEÇO É MUITA empolgação. Muito dinheiro, que pode ser bem rápido até. Mas faça uma análise própria e veja quantas pessoas ao seu redor continuam na Bolsa e ganham muito tendo partido do nada. Na prática, se não o é, mais parece esporte de rico que tem para gastar e até esbanjar vigor com capital que tanto faz. Óbvio que alguns ganham efetivamente. Mas em geral, quem ganha já tinha e a Bolsa apenas turbina rendimentos. Existe sim, uma empolgação desmesurada com o investimento de risco bursátil, ressaltando-se muitos novos milionários que supostamente partiram do nada.

Do ponto de vista da poupança, a Bolsa de Valores é uma boa certamente. Mas não é esse o atual chamariz que tem empolgado milhares de pessoas pelo país todo. A grande maioria quer fazer trades e trades e entrar para ganhar da Bolsa mesmo. Em alguns dias até ganhos, afinal sorte existe mesmo e competência até. Mas observemos ao longo do tempo a sobrevivência na Bolsa, e com os mais velhos é possível constatar que muito mais que fazer jogadas de mestre vez por outra, o importante é sobreviver nela.

Quem ganha na certeza e vive dela são os *brokers* de corretoras, mesmo assim quem aguenta esse ritmo alucinante por tempos seguidos ? Vale destacar, que sim a

Bolsa é matemática, matemática avançada aliás. Mas faz mais de 500 anos que foi criada e nada de aparecer um calculador master pra desfazer o mistério. Muitas teorias, cálculos, projeções, robôs, inteligência artificial, mas nada derradeiro. a questão fica no ar... como será o dia de amanhã ? Existem magos e gurus sim, como em todas as áreas, mas mesmo esses feras sempre costumam errar. Estatisticamente acertam mais que erram, mas são sempre cercados de inseguranças quanto ao futuro.

Livros e estudos adiantam até certo ponto. Quem não se lembra de renomados ganhadores nível Nobel, gestores à toda prova que falharam e bem redondo. Que são matemáticos de primeira linha ninguém duvida. Mas que estudo não garante lucros na Bolsa, também é verdade. Aumentam-se as chances, mas o jogo também pode ficar mais perigoso e difícil de controlar doravante. Como em muitas situações, chega-se ao lugar comum em que a fórmula parece que é não ter uma fórmula.

Mas vejamos quem ganha, pois que alguns ganham, ganham, é claro:

1. bancos de primeira linha
2. empresas que captam dinheiro na alta
3. insiders naturais, que não é novidade
4. amigos do governo e de medidas oficiais
5. consequentemente os amigos desses mesmos, que muito mais que depto de análise, possuem o tal conhecimento
6. empresários empreendedores que trabalham normal, com sucesso na ou fora da Bolsa
7. raros talentos, como em toda atividade
8. e óbvio os brokers, com suas corretagens que ultrapassam os 10K/mês

Os prejuízos que chegam tarde

Com certeza uma hora virão à tona as entrelinhas da Bolsa. Sujeitos que perdem mais de 50k em opções, isso sem citar os diaristas que perdem 5k semanas e semanas, crendo ser possível ganhar do mercado. Na prática há sim muitos empresários que trabalham com empresas médias, que não andam disparando sabedoria econômica, e que são milionários obrigado. Aliás a maioria. Vale destacar, muitos ricos ganham na Bolsa, quem é rico fica mais rico. Mas homem médio que tem seu dinheiro certo, vai bem nessa. Com a economia à toda, surgem muitas oportunidades de negócios, que vale lembrar têm seu risco também.

O SEBRAE é que fica nos sidelines. Esperto por natureza por aqui é melhor dinheiro rápido. Entretanto, do ponto de vista estatístico, com moda ou sem moda, a maioria dos milionários começa com pequenas empresas de bairro até. Essa história de que ou é cartório ou mercado financeiro, pretensos *banker*s, é pra gente mal informada. Há muitas histórias sim que não se encaixam nessas hipóteses. Mas aquela história, fiel à tradição local, não basta ganhar precisa alardear e se gabar, de ser o sósia do Soros ou do Buffet. Aliás, via de regra, saber mais que esses aí.

10

Bolsa de Valores, Small Caps e Longevidade

NESSA LEVA DE EMPRESAS que estão abrindo capital, começa a ficar claro com o passar do tempo que nem todos os processos de IPOs são bem-sucedidos. Talvez pelo mercado estar já um pouco engasgado com a novidade, as empresas que perderam a janela do ano passado estão tendo dificuldades para realizar mega-captações este ano. Por exemplo, no setor imobiliário, foram diversos IPOs e processos de securitização que de novidades, passaram a lugar-comum no Mercado de Capitais. Imobiliárias, incorporadoras, empresas relacionadas foram com tudo ao Mercado de Capitais e realizaram captações de até meio bilhão de reais. Valor suficiente pra tocar qualquer projeto.

Outras empresas com faturamento de até R$ 10 milhões estão tentando se estabelecer na Bolsa de Valores também. Mas é doravante penoso esse caminho, visto que são papéis de difícil negociação. Afinal, verdade seja dita, boa parte dos investidores e *brokers* não trocam a liquidez de Vale e Petro por nada. Pois se empresas assim sólidas apresentam ampla oscilação, rentabilidade e dividendos, pra que garimpar empresas desconhecidas, enfrentando-se um risco muito maior ? Não tem segredo, muitas vezes tanto experientes como novatos na Bolsa acabam por procurar empresas de renome no pedaço. Isso sem falar que com a variação atual das commodities, a cotação fica num incrível vaivém que até os analistas duvidam.

O desafio das Empresas e o custo Brasil

Verdade seja dita, mais parece que no país as empresas foram feitas pra não sobreviver. Afinal basta fazer uma pesquisa, uma amostra básica pra ver quantas empresas existem, com mais de 50 anos de existência. A briga é feia, e muitas vezes pelo indesculpável conhecimento de autoridades e legisladores, aperta-se em demasia as empresas com ônus incompatíveis ao seu funcionamento. É como se existisse um firewall de informações sobre o cotidiano empresarial. As autoridades, incluindo-se aí os próprios legisladores ganham bem via de regra, ainda mais com uma economia deveras mais estável. Mas as empresas, é verdade se tudo vai bem, ganham bem, mas os percalços são consideráveis.

Pesos de todo tipo e sorte, ações milionárias, muito se tem comentado sobre o tal do custo Brasil. E não é ficção, é verdade mesmo. Pois montar uma empresa, abrir o capital, fazer um projeto de 20 anos é uma coisa. Agora ser maduro e bolar um projeto de meio século aí sim estamos falando num discurso engajado com a época atual, de também contribuir com o entorno de alguma forma. Mas os desafios são consideráveis. Os tributos se multiplicam, os encargos, a previdência, as interferências e ingerências do estado. Os que nunca se aventuraram por estas searas, possuem por vezes uma visão distorcida dos fatos. Analisam faturamento bruto, movimento de caixa e chegam a conclusões estapafúrdias e sem nenhuma técnica sobre o andamento da referida empresa.

Claro, dependendo da área de atuação, o fluxo de caixa vai ser fabuloso. Milhões movimentados todos os dias, dentro e fora do país, mesmo sendo tudo nos conformes. Mas e para manter esse framework funcionando ? As pessoas e analistas mesmo, costumam ter uma visão simplista dos fatos e verdades das empresas. Vão lá olham o caixa, o financeiro, olham outros ativos, e numa avaliação precipitada do *fumus*, se tudo estiver novo, congratulações e créditos. Mas as ingratidões são grandes e num país em que tudo que é velho é sinal de problemas, sem nenhum respeito e consideração, desdenham das empresas antigas e suas dificuldades. Não importa quanto de arrimo foi feito a partir dela, quantas histórias, quantas vidas. Num imediatismo característico do país, importa se tudo está novo e o caixa está bem gordo.

Nisso, a hipocrisia de mensagens como governança e responsabilidade social enchem o noticiário. Num capitalismo ávido por sentir-se bem, e com poucos problemas. Afinal ninguém quer enrosco, todo mundo quer facilidades, passar uma imagem legal e tal. É só fazer uma breve reflexão: quantas empresas dessas aí que valem a pena encher os olhos, não são estatais e possuem mais de 50 anos ? Projetos do governo vendidos a amigos da corte não valem, afinal tem gente colhendo muito e que não sabe nem quem plantou. Lá, isso tinha outro nome. É fácil e até ridículo fazer um discurso bonito de Responsabilidade social, Governança, com redatores de ponta, gente bonita e muito caixa. Agora ninguém quer ter a surpresa de abrir a caixa de problemas que é o custo Brasil.

Num país em que impera a mágica de todo tipo, mágica de ganhar dinheiro que nem será possível gastá-lo, ou mágica para ganhar dinheiro que custa em sumir todo mês, ficamos na ilusão sempre. E ninguém quer saber de empresas antigas não. Problemas antigos, pessoas antigas, um passado que é melhor falar de futebol.

Resumindo

Via de regra, sem memórias e com um imediatismo que é característico, as empresas vão se renovando. Uma palavra muito comum em outras culturas, como é o aprimoramento, aqui é apenas um cifrão mais bonito de rodapé. E a moral da história infelizmente muitos sabem: muitas empresas vão pra Bolsa, vão captar recursos, e vai tudo pra pagar a prestação desse custo Brasil. Pois fica o desafio: difícil de expressar e até petulante, mas quantas dessas empresas que estão se lançando na Bolsa hoje, estarão daqui a pelo menos 30 anos pra contar sua história de sucesso, de vidas vividas, empregos gerados, famílias sustentadas e faculdades pagas. Mas nada disso importa, isso é irrelevante, afinal como se diz por aí, o que importa é "o aqui e o agora". Numa pressa de ir não sabe eternamente pra onde....

11

O Fiasco de empresas sem preparo para o IPO

TORNARAM-SE CASOS NOTÓRIOS na imprensa nacional, o exemplo de algumas empresas que fizeram captações de quase 1 bilhão de reais e depois se enrolaram para quitar seus débitos financeiros. Pois é lógico, há áreas de atuação que o dinheiro demora pra voltar. Em outras áreas, o capital até volta mas não o suficiente para cobrir os juros financeiros. Seja como for uma certeza: empresas para operarem na Bolsa, precisam muito mais do que um bom banqueiro à mão, ou bom advogado de mercado de capitais e societário. Precisam sim de bons administradores que saibam o que estão fazendo, de aterem-se ao seu trabalho de fazer a empresa gerar lucros que justifiquem investimentos e não apenas mágicas financeiras.

O problema todo é que numa empolgação inicial com um IPO, de fato o valor é captado e entra no caixa, mas num total descompasso com as outras circunstâncias da empresa. Afinal captar quase um bilhão de reais é um bom valor, mas como será aplicado esse capital ? Às vezes existem equity kickers que alavancam o IPO, que na prática são empréstimos para deixar o caixa redondo para o mercado. Outras vezes o valor aplicado é investido em negócios de alto retorno, mas de longa maturação, com ciclos de até 5 anos. Seja como for, o comum é fazerem cálculos precipitados em que excesso de ânimo acaba indicando erroneamente um prazo e montante projetado para retorno. Como um relógio de alta precisão suíço, que apresentam sim ávidos *banker*s querendo receber comissões e com flip de papéis na saída, numa visão de curtíssimo prazo. Sem comprometimento nenhum.

O *banker* acaba se livrando do grande desafio de quitar os empréstimos e fazer a empresa girar de acordo com as expectativas. Mas a Empresa terá de responder por isso, e qualquer deslize pode comprometer seriamente o andamento dos planos. Só para citar vejamos o exemplo do setor imobiliário, aviação, etanol ou frigorífico. Mercados que não têm nenhuma relação entre si aparentemente, mas que numa crise generalizada, acabam sendo afetados de uma forma ou de outra. Nos três casos, a crise segue roteiro parecido: é feita uma ampla projeção, até realista, mas que só funciona com mercado em alta. A empresa alavanca a tesouraria, contrai empréstimos variados para investimentos e expansão. O inesperado acontece, a bolha econômica estoura e os mercados caem da noite para o dia. Nesses casos, não há como evitar a equação da crise. Menos demanda, investimentos ociosos, o caixa não gira, não há como pagar as despesas mínimas, cartuchos são queimados, e os investidores e credores começam a não receber.

A solução: provisionamento ou manter a empresa fechada ?

Na verdade não existe um seguro contra crises e mecanismos derivativos, hedge, mais matam o paciente de overdose do que ajudam. Foram muito noticiados casos de empresas exportadoras de alimentos que se viram em apuros para saldar contratos hedge de mercado em alta, na última leva de colaterais da crise subprime. Então o caminho para se defender de crises não é fazer hedge amparado por bola de cristal, o risco é muito elevado. Pessoal se lembra bem do caso de conhecido banco de investimento que da noite para o dia se viu em apuros na época da crise asiática, devido a problemas do câmbio. Possivelmente com informações confidenciais na época, alavancaram posições cambiais, de forma bem arrojada e agressiva, só que por razões de ordem mundial, o mercado virou da noite para o dia. Não deu outra e a estrela maior dessa era de tacadas e investimentos foi vendida, de forma planejada ou não, sabe-se lá. Mas que foi às pressas, foi.

PARTE III
Jogadas Comuns

"pois a vitória está no grande
número de conselheiros"
(provérbios de salomão)

"Pois mesmo se for para irregularidades,
com certeza o mais letrado poderá utilizar
técnicas mais apuradas e civilizadas afinal,
comparado ao tosco leigo"

1

Diluição de Participação

A DILUIÇÃO DE PARTICIPAÇÃO é processo mediante o qual, através de um leque de operações possíveis, diminui-se proporcionalmente a fração que o acionista possui e seu peso dentro da empresa. Um meio pelo qual se dilui a participação societária são os sucessivos aumentos de capital sem contrapartida de todos os acionistas. Quando se aumenta o capital social, os acionistas que por uma razão ou outra ficam de fora do processo, são diluídos na operação.

Se sequencial enfrentam efetiva diluição de participação no capital social. Nesse caso específico, a melhor forma de combater uma manobra desse perfil é ficar atento aos processos do gênero, de preferência montando uma estratégia que assegure a manutenção da participação societária. Muitas vezes através da utilização de créditos obtidos com dividendos, para exercer direito de preferência em processos de aumento de capital.

A diluição de participação societária é uma das jogadas mais antigas dos banqueiros de investimentos. Através dessa operação, que pode ocorrer de várias formas, o acionista sem saber ou de forma desavisada, vai perdendo proporcionalmente força dentro de uma empresa da qual é sócio. Acontece de várias forma essa diluição. Podendo ser devido a operações de M&A, Merger em Acquisitions, aumento de capital não acompanhado por novas subscrições, não exercício de direito de preferência na compra de debêntures conversíveis, e por aí vai.

No caso de fusões e incorporações, podem ocorrer diversas situações. Quando duas empresas fundem operações e trocam ações entre si, todo cuidado nos cálculos é pouco, pois são situações geralmente bem confusas. Pois pode ocorrer de acionistas terem determinada participação em empresa participante de processo do gênero, mas numa fusão ou incorporação com troca de ações, o antigo acionista pode ser preterido em relação aos acionistas que chegam ou vice-versa.

Quer dizer, que nessa troca de ações, ocorre muitas vezes situações desvantajosas para acionistas envolvidos. O antigo acionista, que já estava em empresa incorporadora pode ter sua participação bastante diluída em operações assim. Assim também o novo acionista de empresa incorporadora, pode ter eventual participação também bastante reduzida nessa troca em relação ao poderio que tinha na época que estava na empresa incorporada, que desapareceu. Equacionar esse balanço de forças que é o grande problema societário enfrentado por todos. Obviamente que sem gerar notícia, os banqueiros de investimento que coordenam toda a operação de M&A, pode fazer de uma forma que debaixo de toda a confusão sobre menos força para alguns acionistas e mais para seus partidários.

O aumento de capital é outra hipótese comum de diluição de participação. Em que é feita emissão de novas ações, via de regra para captação de novos recursos pela empresa, mas que pode ocorrer por outras razões como era o caso de ajustes inflacionários no passado. No aumento de capital, emitem-se novas ações, e consequentemente pode existir mudança no balanço societário. Os antigos acionistas precisam adquirir ações emitidas em certa proporção para manterem seu peso na companhia. O problema é que por vezes, não acompanham essa emissão ou não exercem direito de preferência, ficando de lado na operação. Mas não impunes, pois acabam perdendo influência na corporação.

Analogamente ocorre, se não acompanham emissões de debêntures conversíveis. Pois esses papéis, que são muitas vezes estranhos ao leigo acionista, podem decisivamente influir no balanço societário na prática. Pois se exercida a opção embutida, o debenturista pode se tornar acionista com mais ou menos participação na empresa. Da mesma forma, tendo o acionista que acompanhar as emissões de debêntures conversíveis investido mais na empresa, proporcionalmente.

Assim, à medida que não é exercido o direito de preferência para adquirir papéis societários, se o acionista deixa de investir na empresa, vai sumindo no tempo e no espaço. O papel geralmente se valoriza depois de muito tempo, mas sua participação proporcional na empresa pode ir se enfraquecendo pois o exercício fundamental do direito de preferência não é automático.

2

Empréstimo-ponte e Equity Kickers

MUITAS VEZES OS *BANKERS* para ganhar as generosas comissões de *underwriting*, forçam processos de emissão de valores mobiliários e captação de valores. O empréstimo-ponte por sua vez, é meio mediante o qual, numa situação de emergência, às vezes com risco de quebra, o banco empresta valores para a empresa que pretende lançar valores mobiliários. Adiantando uma liquidez de caixa, em que referidos valores depois serão utilizados para subscrever valores mobiliários emitidos.

O problema do empréstimo-ponte e de *equity kickers* é forçar situações, em que ao final leva-se empresas sem condições de mercado a acessar gigantescas captações na Bolsa de Valores. Em outras palavras, cria-se uma ilusão de bem-estar a ser vendida a investidores. Assim como o foi na bolha da internet por exemplo, cria-se uma ilusão de ótica que maculada por uma distorcida euforia de mercado, leva investidores a apostarem elevados valores em empresas que praticamente só existem alinhadas no papel. Pois na prática ou referem-se a *Business Plans* ilusórios ou a empresas maquiadas de sua realidade, na verdade.

Aí o que acontece depois, é notório. Com super captações da ordem de grandeza de meio bilhão milhões de reais, enche-se o caixa da empresa, banqueiros ganham generosas comissões de *underwriting*, e com o tempo a empresa mostra o que de fato é na verdade. Sem estrutura, sem mágicas posteriores, misteriosamente os valores evaporam e surgem na imprensa, e sobram acusações de todos os lados sobre arcabouços de astutos banqueiros ávidos em captar valores, por empresas sem condições.

3

Criação de SPE para projetos: Jogadas clássicas

OUTRA MONTAGEM DE OPERAÇÃO clássica realizada por banqueiros de investimentos, assessorados por advogados societários é a criação de empresas de propósito específico, no papel dentro de algum organograma. Isto é, no contexto de um projeto sendo elaborado, por diversas razões é necessário fazer a reorganização empresarial. Nesse ínterim, muitas vezes são utilizadas sociedades de propósito específico-SPE, que funcionam como uma casca, empresa fictícia para que sejam viabilizadas outras operações.

No passado eram comuns os processos em que a SPE funcionava como *Holding* de participações. Hoje estamos em outra era, em que há os fundos de investimento em direitos creditórios - FIDC, e fundos de investimentos em participações – FIP, que atendem a um modelo antes viabilizado via SPE apenas. Então antigamente a SPE era utilizada com frequência para ser *Holding* de grupo empresarial, ou para participar de processo de securitização. Atualmente não é mais assim nestes 2 casos, pois há mecanismos específicos para isso, como referido.

Mesmo nos processos de compra conjunta de empresas, ou para participação em grandes licitações e concorrências, é comum a formação de SPE para viabilizar o projeto. Por exemplo, na compra de uma empresa de ampla complexidade, ou para construir uma usina, é possível a criação de estrutura de SPE, em que são reunidas diversas empresas com fim de tornar viável o projeto com esforços conjuntos. Mas efetivamente a grande expertise nesse tipo de operação está em equacionar e balancear interesses da forma mais inteligente possível. Pois a dificuldade não está em criar a sociedade em conta de participação apenas, mas distribuir direitos e obrigações da forma que todos concordem.

Então é muito comum o banqueiro de investimento fazer complexas formações de SPE para projetos grandiosos e no final da confusão, ter controle de tudo. Muita técnica está em jogo pois precisam ser analisados índices que asseguram controle, indicação de conselheiros, principalmente quórum para tomada de decisões, etc. Na confusão de números, que está a técnica onde a história se repete sempre e *banker* de primeira não deixa escapar qualquer detalhe nessa parte. Tudo consolidado por intrincados acordos de acionistas, que visam gerar certa estabilidade ao grupo controlador da empresa.

O problema é que nem sempre fica claro quem controla quem e o DNA do grupo controlador pode estar singelamente não explicitamente revelado. Mas que geralmente há um controlador nas mais sofisticadas operações e que nessa cortina de fumaça, na verdade estão agrupados interesses e forças de grupos empresariais que não querem só controlar a tesouraria. Mas em jogo geralmente há um amplo leque de efeitos em cadeia e indiretos. Controlar uma empresa de telefonia, siderúrgica ou mineradora, não é só questão de sua lucratividade, mas controle da cadeia comercial e produtiva em questão. São contas bilionárias, que geram diversos e múltiplos efeitos indiretos.

4

A ganância desmensurada num IPO, *equity kickers*, e eventual SPE

OS 64 PROCESSOS DE IPO realizados em 2007, mostraram alguns fatos. Um deles é que o capitalismo parece ter chegado no pais, em tempo pois já era hora do mercado de capitais ser arena de investidores de varejo e não apenas de *brokers* institucionais. Mostrou também que o *Home-Broker* no país é um dos destaques da era da internet mundial, com nosso sistema brasileiro na ponta até, doravante. Mas mostrou também a velha história de banqueiro fazer mágicas financeiras, que depois são postas à toda prova.

Os equity kickers são altamente discutíveis. Empréstimo-ponte em geral é cercado de risco, com razão. Afinal, criar uma embalagem às pressas para aproveitar as janelas de mercado pode ser excelente do ponto de vista de timing oportunista. Mas empresas não são brinquedo, nem valem os passes de mágica, e via de regra todo caixa costuma evoluir com o tempo, trabalho e aprimoramento. Mas até aí, captou entrou valor em caixa, o que importa e o que há de errado nisso ?

Sempre, os riscos inerentes a alguma operação discutível, costumam aparecer com o tempo. E a pouca e arrastada valorização de muitas empresas novas na Bolsa pode ser sinal e evidência de alguma incompatibilidade embutida. Proibir empresas de acessarem esse lucrativo filão, também vai contra os pilares do capitalismo. Mas sempre a evolução de processos deve ser natural, e critérios costumam aparecer com o tempo.

Começam a surgir ensaios de idéias de período anterior ao processo de abertura em si. Quem sabe não seja por aí um meio de filtrar empresas que possuem mais condições operacionais. Mas colocar um prazo somente e em si, não resolve. Tipo 1 ano de estudos pra entrar na Bolsa. Pois simultaneamente, pode haver um desperdício de interesses de pessoas que querem emprestar e investir na referida empresa. Outros meios podem ser mais adequados, para aproveitar esse caminho até a final da saga, da abertura em si.

Os bancos são os naturais emprestadores de recursos, desde sempre. Mas possuem interesses duvidosos em relação ao futuro da corporação mesmo. outros meios podem existir que atendam o equacionamento da situação. Por exemplo com um mecanismo de prévia criação de SPE preparatória da futura Cia aberta.

SPE de preparatória da Cia aberta.

Esse tipo de desenho funciona da seguinte forma: com a empresa tendo em vista futuro promissor na Bolsa de valores, ao invés de partir para o processo de abertura de capital, IPO direto, passa-se por um estágio embrionário com a criação de SPE. Assim, um tempo antes da abertura, até para fins de verificar a viabilidade, a empresa candidata ao processo, forma SPE para captação de recursos prévios e formatação de sua estrutura societária até. Num modelo em que num estágio ainda fechado e particular, cria-se uma Ltda por exemplo, com uma combinação de interesses na empresa.

O detalhe é que seria criado um fundo de reserva de captação inicial de recursos e interesses. Numa plataforma baseada na e em decorrência da era web, os interessados entrariam no website do projeto e adquiriam quotas do projeto, conversíveis em ações a serem emitidas quando do IPO. Esse fundo vinculado à SPE deveria ser submetido às regras da CVM, claro, mas de trâmite mais simples pois relacionado a um projeto ainda de futura empresa aberta.

Mas para evitar problemas, e se é que é possível, esse fundo de reserva não se trataria de um fundo comum do mercado, ilimitado. Mas um fundo de reserva específico para ajudar no processo de IPO. E como bem se sabe que o processo de IPO em si custa por volta de 2 a 3 milhões de reais, esse seria o *handicap* básico do fundo. Porém se relacionado a empresa em processo de turnaround, esse valor poderia ser extensível a um limitador de até uns 10 milhões.

A lógica é simples. Essa SPE estaria associada a um fundo para processo de IPO com valor de quotas e investimento máximo fixo, e calibragem pré-determinada. Assim, ao invés do empurrãozinho do astuto *investment banker*, a empresa seria preparada naturalmente ao estágio seguinte na Bolsa, se conseguisse ultrapassar essa pré-fase básica.

O escopo de um sistema do gênero, é permitir que o salto seja gradual, sem desperdiçar a interatividade com o mercado e investidores. Pois ficar apenas nos estudos prévios não parece ser a solução efetivamente. Estabelecer prazos anteriores para provações simplesmente, podem apenas acirrar as ansiedades e desvirtuar todo o processo. Num sistema como o comentado, as empresas efetivamente interessadas fariam uma espécie de lição de casa antes de chegar na Bolsa. Testando sua receptividade através da tentativa de vender quotas do projeto de IPO, e com recursos para sanear problemas extras, conforme o caso.

5

Regra dos 5%

É UMA REGRA CLÁSSICA que dispõe que acionistas devem informar se possuem mais de 5% numa empresa. Isto é, para ficar claro como vai o xadrez societário, os principais acionistas devem comunicar a CVM, mercado e empresa sua condição e até proximidade com grupo controlador. É uma regra simples, mas que pode significar o alcance e integração ou não com controladores da empresa em questão. Quiçá, se forem grupos estranhos ao controle, podem deixar claro a ameaça velada ou não ao centro de poder da empresa.

Já que normalmente existe certa estabilidade na cúpula de poder da empresa, com famílias e *Holding*s controlando empresas. Mas eis que pode aparecer do nada um raider dirigido por bancos de investimento, que podem chegar aparentemente despretensiosos. Mas que numa primeira oportunidade podem já entrar com oferta para controle da empresa de forma hostil. Não é por outra razão que para evitar surpresas e embates na justiça doravante, é necessário especificar posição societária relevante sempre. Nesse sentido, a regra do jogo fica mais clara, e pode o controlador melhor se armar para defender sua hegemonia na empresa.

Em épocas de baixa de cotação, é comum fundos private equtiy aproveitarem a janela para comprarem mais ações de empresas, esbarrarem e até superarem essa barreira. Quando então devem comunicar a CVM e deixar claro sua condição no meio do grupo controlador da empresa. É excelente ocasião para efetivamente ingressarem na esfera de controle da empresa, e de acordo com seus planos, tentar ditar seus rumos. Aliás muitas vezes, a partir de posição relevante, acabam por indicar Conselheiros, fato que acarreta em efetiva influência dentro da empresa. Não sendo outra a configuração, e sim meio de se iniciar negociações para consolidar espaço no grupo controlador.

6

Ataque com cotações em baixa

NA PRÁTICA, A COMPRA de empresas abertas quando o mercado está em crise, é relativamente tranquilo. O embate com aumento de valores, ocorre na situação inversa quando o mercado está em alta e acontece a disputa por oferta cada vez melhor. No mercado em baixa, a compra pode ocorrer de uma vez como sempre, ou aos poucos através do acúmulo de ações da empresa em carteira, nesse caso provavelmente passando pela regra dos 5% conforme for.

Com cotações em baixa, muitas empresas entram no vermelho efetivamente, e secam as oportunidades no mercado de capitais. Quando então fundos *private equity raiders* se organizam para aumentar posições e buscar o controle de empresas que valem. Pois geralmente nesse momento de cotações em baixa, os investidores amadores se assustam e fogem da situação, contribuindo para queda maior. Ficam os institucionais que aproveitam para organizar suas participações em empresas, consolidar bandeira do grupo para aproveitar toda a trajetória de valorização posterior da empresa. Visto que o poder de fogo dos investidores individuais é restrito, mas a calibragem dos fundos *private equity* e *Holdings* de bancos é outra. Há solavancos de mercado e crises, mas a tesouraria sempre pode achar brecha para entrar em novas posições em ações de empresas com baixa excessiva.

Nessas horas, é jogo estratégico para os *bankers* e não há muito o que fazer. Pois se a cotação vai mal, esgotam-se praticamente as saídas de mercado de capitais. Resta a administração da situação da melhor forma, e a transição de forma inteligente. Isto é, tentando conservar o núcleo de direção da empresa, mesmo com a chegada de novos possíveis controladores. O cuidado aí é para a existência de mecanismos de defesa *anti-takeover*, quando uma compra e venda de empresa, M&A, e movimentação forte de posição societária pode disparar gatilhos de mecanismos de defesa.

Quando é consensual, não há problemas mas no caso de processos controvertidos e de ampla disputa por controle, cada milímetro pode ser seara de muitos embates. Numa baixa forte de ações, a cotação cai fortemente junto com o orgulho empresarial abalado. Se de repente, de uma hora pra outra, de credor o grupo empresarial de companhia aberta pode passar a devedor pois suas ações deixam de ser garantia eficaz. Há histórias diversas que ilustram isso.

Recentemente no país, muitas incorporadoras e imobiliárias fizeram amplas captações de recursos. Entrementes, o mercado embicou para baixo de forma fenomenal e as ações caíram quase 90%. Resultado é que muito embora cada referida empresa tivesse caixa de quase meio bilhão de reais, os planos estavam doravante ambiciosos, com compra, incorporação e contratação simultânea de muitos empreendimentos. Consequência disso é que houve o paulatino desfazimento de terrenos e terceirização de incoporações para outros grupos menores, a fim de assegurar a sua continuidade. Mas junto a tudo isso, vem a compra de ações de fundos *raiders* e o problema de caixa imediato sem saída aparente no mercado de capitais.

7

SPE própria para se descolar, com núcleo de ativos

UMA OUTRA ESTRATÉGIA É montar uma SPE de salvaguarda, para casos de takeover inesperados. Como sempre, numa surpresa, pode vir a oferta pública de aquisição da empresa, quando então a empresa-alvo precisa reunir esforços para se manter. A SPE aqui referida com núcleo de ativos, funciona como cápsula de defesa da empresa-mãe. Prevendo a possibilidade de takeover agressivo, inesperado, pode-se montar especificamente essa SPE de defesa. Nesse caso, será uma empresa, muito mais no papel, de um ponto de vista documental e societário, mas que concentraria ativos da empresa em questão.

Essa SPE pronta para se descolar, possui como característica básica, certa independência da empresa principal. Isto é, na prática ela se configura como empresa para fins de defesa, concentrado ativos estratégicos. Dentre eles, estariam bens que permitam a empresa se reestruturar depois de uma oferta de compra. Por exemplo, com patentes de produtos e marcas, direitos sobre tecnologias, principais contratos com fornecedores e clientes.

Através deste mecanismo de defesa, a empresa S.A continua com o mesmo comportamento no mercado. Externamente, sem possuir nenhum meio de defesa nítido contra takeover hostil. Mas num lance, de agressividade internacional ou local, a empresa adota os procedimentos comuns de defesa. Que inclui as negociações, em torno de valores, a serem discutidos com acionistas. Mas sendo irrecusável a oferta agressiva, e fugindo do controle, mas fora do escopo de perpetuação da empresa-alvo, descola-se a SPE de defesa.

De um ângulo societário, a SPE de defesa se mantém nas entrelinhas da empresa principal. Desconhecida, mas ao mesmo tempo de plena ciência de seus acionistas, essa SPE de defesa fica em transverso em relação à estrutura da empresa principal. Isto é, ela não é subsidiária da empresa principal, mas sim acionista da empresa principal. Com direitos específicos sobre determinados ativos que podem participar de descolamento durante esse spin-off de defesa.

O maior desafio está no *disclosure* dessa SPE de defesa. Pois o *disclosure* de seus propósitos obviamente deixa-a inócua ao seu fim. Mas cumprindo a regra, apresenta-se como uma SPE vinculada ao grupo controlador da empresa, com concentração de ativos principais.

8

Jogadas de Banqueiros: Manipulação do valor de ações

CLÁSSICO, MAS GRAVÍSSIMO É a constante manipulação de preços no mercado, indiretamente. Bem diferente da figura do *market maker*, que possui como objetivo desenvolver a liquidez do papel de determinada empresa. Manipular ações é atividade que consiste no desenvolvimento de esforços direcionados a derrubar ou estimular a negociação do papéis. O banco de investimentos, a corretora de valores, especulando literalmente o papel da empresa, pode arrematar bons ganhos assim.

Mas vejamos, especulação simples e ganhos em trading de ações e opções é mais relacionado a atividades de operadores. O *banker* em si possui outro planos em mente. Numa breve reflexão, o banqueiro pode almejar derrubar o preço para comprar empresa rival, pode derrubar o preço para aumentar participação que possui em *Holding* e assim vir controlar certa empresa. Não obstante, pode ainda servir para outras finalidades como o fechamento de capital, o que é grave e configura fechamento branco, ou fazer a cotação cair para algum propósito relacionado aos diversos tipos de atividades de M&A . São múltiplas as possibildades. Quando o assunto são jogadas de banqueiros de investimentos, muitas vezes os planos não ficam claros de antemão, mas que podem representar movimentos planejados dentro do Mercado de Capitais.

Pois o que está em jogo não é necessariamente e aumento no valor das ações. Sem dúvida que a valorização é benéfica para a empresa e seu banqueiro de investimentos, mas muitas vezes o que faz a diferença são oscilações de mini-banda. Operações que podem estar casadas com posições em derivativos, suficientes pra causar sonoro estrondo no mercado.

Entretanto, quanto maior o *handicap* da empresa, maior será a dificuldade de manipular papéis por motivos óbvios, pois a liquidez é muito alta. Uma coisa é almejar manipular blue chips, o que exige uma calibragem rara. Outra coisa é influenciar na cotação de empresas menores no mercado de capitais. Como o mercado é amplo, muita atenção para os detalhes de empresas middle-caps, que também movimentam milhões suficientes para uma vida tranquila, e ficam fora do spot da imprensa. Então existem algumas operações clássicas quando o assunto é manipulação de papéis.

Ataque a empresa rival em M&A

No contexto de fusões e aquisições, é interessante para a compradora que seus papéis se valorizem e a cotação da empresa-alvo se desvalorize, por motivos óbvios. Visto que o objetivo é sempre pagar menos, ter mais caixa para pagar mais ou as duas situações em conjunto, ter mais caixa para pagar por uma empresa que valha menos. A operação de M&A é sempre cercada de muita tensão. Iniciado o processo, começa todo o roteiro até seu desfecho. Então o objetivo só pode ser concluir a melhor negociação possível, de acordo com o *momentum* de mercado.

Controle da *Holding*, aumentando *stakes*

Fazer parte do grupo de controle da empresa já é um privilégio, com certeza. Mas a ambição pode ir além, e mais poderes podem ser necessários. O objetivo pode ser controlar e vender o grupo, nesse caso o caminho possível será efetivamente adquirir mais ações da referida empresa. Com mais ações, ter mais poderes dentro da *Holding* até ser o majoritário que chancela a última palavra. Para tanto, se a meta for comprar mais ações por motivos societários, é melhor que a respectiva oscile até seu menor patamar dentro de determinado quadro. Nesse contexto, uma jogada comum é esperar que a cotação caia para adquirir mais papéis, e incrementar sua carteira, ou então desenvolver estratégia com banqueiro de investimentos que caminhe nesse sentido.

Operações com derivativos

Derivativos são mecanismos de alta voltagem por natureza. Precisam ser bem dosados pois o feitiço pode acabar mal. Nada melhor então que influenciar na cotação do papel, em qualquer direção, dependendo do que for casado com o derivativo. A multiplicação de resultados pode ser considerável. Na verdade é mais relacionada a operadores, mas que pode estar combinado com a empresa em questão e seu banqueiro de confiança. Seja qual for a operação, provavelmente os lucros serão fabulosos, pois o mercado de capitais se caracteriza pela instabilidade, e qualquer operação que fuja dessa regra, certamente pode representar uma carta-marcada de ganho proporcional e profissional. Mas é claro que é ilegal, e enseja também inquérito e punição pela CVM.

9

Banqueiros e Jogadas: na berlinda da fraude de colarinho branco

COM A CRISE SUBPRIME, e desde a bancarrota de grupos financeiros de renome, banqueiros viraram alvo da imprensa, do Ministério Público Federal e da Polícia Federal. Pois muitas vezes estão em jogo crimes contra o sistema financeiro, de nível complexo e que envolvem muitas cifras. Não só devido ao volume de capital envolvido, mas além disso em decorrência da malha intrincada de pessoas e ilícitos envolvidos. Geralmente relacionados a lavagem de dinheiro de alguma forma.

Vale destacar que nem é preciso chegar a se complicar com lavagem de dinheiro para enriquecer como banqueiro. Nem é preciso usar contas de não-residentes, movimentar doleiros, e se encrencar com política e financiamento de campanhas. Evidente que todo o poder de fogo do mercado financeiro é multiplicado com tráfico de influência e muito lobby nos órgãos públicos. Mas isso pode significar um risco absolutamente desnecessário.

É sabido que o antigo crime de superfaturar contas e despesas públicas de empresas e do governo já se desgastou. Hoje, surgem formas mais sutis e complexas, associadas muitas vezes a algum tipo de tráfico de influência. Pois o epicentro de poder está efetivamente na informação em primeiro plano sobre alguma medida do governo ou de empresas de grande porte. O capital está efetivamente na cabeça do banqueiro de investimentos, assim como eventual ilícito, num telefonema.

Vejamos o caso da descoberta de petróleo na Bacia de Santos nos campos Jupiter e Tupy. A Opção mais longínqua e insólita chegou a decolar 8000 % no dia 8 de novembro de 2007. Absolutamente irreal. Imagine o *broker* ou banqueiro que tivesse essa informação de antemão, poucos segundos antes, que seja. É o patrimônio de várias e várias vidas de trabalho, num dia apenas, com um telefonema. E evidentemente com muitos amigos poderosos. Isso sem falar nas clássicas licitações, decisões sobre câmbio e juros. Fora os indicadores econômicos que também influem doravante e permitem jogadas rápidas de uma hora para outra.

Mas verdade seja dita, conhecidos *banker*s de verdade não fizeram fortuna assim. Não apenas com trabalho, mas como ensina o livro *Snowball*, de Warren Buffet, com uma sequência muito extensa de medidas acertadas. Ao longo do tempo, acabam multiplicando resultados e gerando uma consequência fabulosa.

10

Crise subprime e a conivência de banqueiros de investimentos

A CRISE SUBPRIME VEIO com tudo. Falou-se muito em débitos derivativos de operações alavancadas de hipotecas. Nada mais uma consequência de créditos mal concedidos a quem não tinha condições de honrar compromissos. Mas até que ponto os *investment bankers* possuem culpa no cartório, ou não ?

Vejamos as premissas. Moradia todos precisam, e financiamento imobiliário sempre foi uma linha de crédito básica. Muitas vezes com ajuda do governo, como ocorre aqui no país, mas por vezes organizado livremente por critérios do mercado, capitalista, no caso. Nos EUA, país símbolo do capitalismo maduro, perfeito e acabado, o crédito para aquisição de imóveis era algo acessível a todos. Democraticamente, assegurando-se um dos direitos básicos do homem. Mas acessível até demais, como se percebeu recentemente. Afinal em linhas gerais, a crise subprime foi uma consequência de desmoronamento de castelos de areia, ou de cartas, que se desmantelaram de uma vez. Isto é, crédito imobiliário, na figura de hipotecas, concedidos livremente e que ensejaram problemas em cadeia em virtude de falta de realismo dos empréstimos. Problemas de lastro que ficaram claros na hora da cobrança.

Certamente, o crédito imobiliário deve ser acessível a todos, e ainda bem que de fato o é nos EUA e por aqui por exemplo. Mas a ciranda imobiliária ocorreu justamente porque as hipotecas eram concedidas de forma indistinta, com muitos hipotecados sem condições de cumprir com seus compromissos financeiros. Mas verdade seja dita: e quem faz essa concessão de créditos não é o departamento de análise do banco ou financeira ? Aliás, não só a análise de crédito, mas depois não foram os bancos e banqueiros que com base nesse lastro absolutamente virtual foram montado mais e mais operações. A sequência todos sabem, em que com base nesses créditos, e nesse virtual fluxo de caixa, mais operações financeiras foram montadas. Muitas vezes de forma securitizada, em derivativos desses créditos imobiliários a receber, mas na hora em que uns e outros começaram a não pagar e os despejos se iniciaram. Os latros mostraram que eram irreais e a ilusão de bem-estar, mostrou-se bem distante da realidade.

Verdade seja dita, em troca de bônus milionários, os banqueiros de investimentos alavancaram demais as operações baseadas em créditos imobiliários. Com base nesses créditos a receber, foram girando mais e mais operações até o limite do limite. O problema é que plantaram ventos e a tempestade financeira acarretou essa quebra de bancos em cadeia. Simbolizada pelo tradicional e intocável Lehman Brothers, em 15 de setembro de 2008. E o curioso da história é que a maior economia do mundo, teve de torcer o nariz e começar a apelar para o Estado Americano, na figura do FED e do Tesouro, para que amparasse esses alavancados.

No final, no inquérito internacional para apurar culpados pela crise, concluiu-se que a sempre presente ambição e ganância desmensurada está na raiz dos problemas. Com banqueiros de investimentos ávidos por bônus milionários, mais preocupados com o último modelo de carro, avião ou helicóptero e uma casa de veraneio, do que com a efetiva saúde da economia e das gerações seguintes. Ainda assim, por incrível que pareça os banqueiros de investimentos saíram incólumes, posam de bacanas, pois como sempre quem vai pagar a conta são os pobres e a classe média, que ficou desempregada em massa.

11

8 motivos para não montar *offshore* tributária

PLANOS DE MONTAR *OFFSHORE* e forjar o fisco são antigos. Pretensamente, na era da internet e informações online, só poucos têm acesso a esse tipo de informação. Crasso engano e pouca pretensão. Hoje qualquer um pode digitar *offshore* na internet e ter à disposição um amplo leque de paraísos fiscais e informações. Com detalhes sobre legislação, remessa de capital, estrutura societária e fiscal respectiva. Antigamente, uns 10 a 20 anos atrás, montar uma *offshore* era conversa de rodapé que poucos entendiam. Hoje está normalmente associada a ilícitos de colarinho branco, via de regra. Não por acaso, são muito mal vistos pelas autoridades e conheceredores céticos da lógica da Lei.

Existia muito glamour nessas operações. Advogados de *offshore* eram os amigos de banqueiros, políticos, e ricos empresários. Uma fachada de sucesso e esperteza acima de qualquer limite. Mas aquela história, na PF tão como no MPF, a Cia e Interpol versão brasileira, há muitos profissionais super qualificados também. Quiçá contam com todo aparato a seu favor para desmembrarem gangues e esquemas de lavagem de dinheiro.

Fica a questão: de que adianta ter então milhões e até bilhões em paraísos fiscais, que sob suspeita podem ter trânsito bloqueado pelo Bacen, PF e MPF ? Vale mais, com toda certeza ter alguns poucos milhões declarados no Brasil, em banquinhos de varejo mesmo mas pra poder utilizar normalmente, nos conformes. Mas sempre, em plena era da informação e do super computador da Receita brasileira, autorizado pela NASA, há gente que se acha além de tudo isso. Mas vejamos uma breve exposição de motivos para não fazer operações desse perfil:

Mal vistas e geralmente associadas a Lavagem de Dinheiro: Se o dinheiro é lícito é até uma incongruência inseri-lo num circuito assim. Se não há nada a a esconder, só vai levantar suspeitas sobre sua licitude e regularidade operacional.

Gastos com advogados: os gastos com advogados são razoáveis. Lícito ou ilícito precisam de gente com domínio falado e escrito em alguns idiomas, além obviamente do trânsito e conhecimento mundial jurídico. Afinal não basta apenas montar a operação, pois quando começar a dar água, trocar cumprimentos educados não vai adiantar, e num nível 2 é preciso outra calibragem. Advogados assim não vão custar barato logicamente, e precisa ter muito capital envolvido pra valer a pena, pois todo o trâmite é relativamente prático mas custoso.

Necessidade constante de esclarecimentos: Bom se pra explicar ICMS, IR, ISS já é bem burocrático, se recolheu, porque não recolheu, se vazou. Tanto mais complicado comprar a briga com a seara federal do MPF e PF. É bem complicado, e depois ficar na lista negra de empresas sob suspeita pode não ser nada confortável e animador. Não precisa de muito pra se complicar todo. Hoje um pingo d'água pode gerar muitos explicativos, que dirá então de montar uma complexa operação internacional.

Fiscalização do Bacen: Quem acha que pode ser mais esperto do que o Bacen pode entrar numa fria mesmo. Pois quem conhece sabe que lá tem um pessoal bem técnico trabalhando, uma tecnocracia atenta ao complicado e detalhista mercado financeiro. Mais, com tudo informatizado, online e tal, achar que pode se esconder num monte de senhas e formulários, é ilusão . Com ampla capacidade cruzar os dados junto com a SRF, MPF e PF é uma ficção sim achar que se pode montar um esquema de gênio e passar despercebido. Gênios existem, e bilionários também, mas estão aí pra todo mundo ver, muitas vezes.

Fiscalização da SRF, PF e MPF: Enfrentar um desses órgãos já é um desgaste e amplo problema, que será então ter de enfrentar uma operação orquestrada de investigação ? Acaba não sobrando quase nada de obscuro, e todos os registros são esmiuçados. Não apenas vistos, mas vistos por profissionais que entendem o joio do trigo, e sabem quem quer burlar a lei.

Virtuais brechas na legislação que não existem mais: Mais espertos que a própria Lei, advogados achavam pretensas brechas na lei fiscal que poderiam ser resolvidas com planejamento competente, estrangeiro, internacional. Brechas sempre vão existir, ainda mais num sistema romano-germânico adotado aqui em que tudo deve ser delineado e especificado pela Lei. Mas vale lembrar, que não é questão de discutir com amigos a competência e legalidade da portaria, e da Lei, é frente a PF, SRF e MPF. Bem bonito, precisa ser o discurso engajado mesmo, pois o desgaste não é pouco não.

Colaboração dos órgãos internacionais: Para completar, de tão comentado que é hoje, da forma como estão os acordos de colaboração de investigação internacionais, basta um ofício cair na mão do procurador certo do lado de lá e pronto. A colaboração ainda pode ser morosa pois há critérios e a segurança da ordem jurídica internacional em jogo, mas uma hora a ficha cai. Daí, o que era complicado localmente acaba se tornando um caso de polícia mundial até. Mesmo que não o seja, e pra se explicar ?

Multiplicador de problemas: Enfim, pode ser bem vantajoso do ponto de vista da mágica financeira. Mas até que ponto esse risco compensa, pois há envolvimento de muitos órgãos federais que não estão de brincadeira e envolvem gente muito calibrada, tecnicamente. Com *experts* em finanças, contabilidade, informática, num jogo de inteligência, em que é melhor ficar de fora. Já basta o custo Brasil, os problemas de burocracia, a organização geral, a guerra fracos e fortes, pra completar o amálgama local.

Se vale a pena ? claro tudo vale a pena, ainda mais de acordo com a pretensão de cada um. Mas numa era cada vez mais competitiva os detalhes fazem cada vez mais diferença. Outra, esses esquemas *offshore* são elaborados numa situação de temperatura e pressão, num quadro. Mas e quando as empresas entram em estado falimentar, dificuldades de toda sorte, mercado acirrado, novas tecnologias e desavenças societárias, e as novas leis e regulamentos ? Dizem alguns com ampla crença que há brechas e controvérsias, pois bem que se disponham a ficar anos à fio se explicando (ou se enrolando) na SRF, PF e MPF, claro ao custo de espertos clientes.

ANEXO

Arena de M&A: textos sobre técnicas de defesa da Empresa Aberta, Corporation no Mercado de Capitais contra os *Raiders*

"se queres paz prepare-se para a guerra"
(Maquiavel)

1

Poison Pills

TO AVOID HOSTILE TAKEOVERS, lawyers created this contractual mechanics that strengthen target company. It's a generic name that makes reference to some protection against unsolicited tender offer. One usual poison pill inside a Corporation Statement is the clause which triggers shareholders rights to buy more company stocks in case of attack. Such action can make severe differences for the raider. If shareholders do really buy more stocks of company with advantaged price, it will be harder to acquire the company control for sure.

Today it's not some plain matter. There are advantages as disadvantages as well. A poison pill really seems to make raider's plans a little more complicated. But nowadays it's accused to further protect management Counsel and directors. Some conservative corporations still dismiss this kind of protection. The main idea is that, far the best defense strategy is to keep shares high priced, and well valued. This means making the corporation performance its own takeover defense.

Problems of Poison Pills

Among the problems, there´s always the high cost generated by poison pills. It also can keep good investors away, and can make some future healthy partnership more complex. It means that any joint venture for example will have to bypass the approval of all investors, in a more sensitive way.

Disarm a poison pill is also complicated. Generating rights is easier than keep them away of the company. Once armed with a poison pill, the corporation will always have to face investors satisfaction with overall conduct. Anytime, whenever a merger occurs, some investor can make all the process a lot more complex.

For sure, one straight consequence of it, is that merger operations have a higher price. Having to take in account poison pill possible triggering by shareholders. Even whenever there´s a friendly takeover, with conflict among shareholders interest.

Stock option workout

Poison Pill may have the same structure of stock options used for payouts. Under these agreements, once the triggering fact happens, investor have the right to turnkey some right. In poison pill event, most common is an option to buy more shares, with some advantages. Priced with better conditions, lower than what bidders does for the corporation. For the specific purpose of protecting the corporation current shareholders.

The usual stock option is made to situations of high priced stocks. That usually happens under takeover operations. A takeover hard to be defended usually will have a bid offer with a compatible price, at that moment. Compatible, meaning higher than usual for shareholders, with conditions to be accepted by stockholders. Shareholders can exercize rights to keep themselves stake position inside the corporation.

More Effective Ways to protect the Corporation

In fact, the best way to protect a corporation is a good performance and a *market maker* to keep shares sustained and well priced. With shares well traded, the corporation will have realistic standards, even to face a merger event. If shares performance is somehow weak, chances to be *raiders* target are stronger than if not. The weak stock performance is the perfect situation for *raiders*, and usual situation that triggers poison pills as well.

In fact, the combination of takeover defense techniques is the best protection. There are plenty of takeover cases that left precious lessons for defenders. The combination of strategies, and the correct sequence can make the transition less sharp than if not. Most important of all, if possible can further try to guarantee the corporation lifetime instead of its market share value and nothing else.

2

Shark Repellent

SHARK REPELLENT IT'S A generic term related to strategy of takeover defense. Any company that intends to prepare itself against unsolicited bidders has several ways to avoid it. There are several measures that can be taken in order to respond a raider attack. Among shark repellent instruments there are: golden parachute, poison pills, greenmail, white knight, etc.

Anyway it shall make some effect against bidders. In US today, the streamline is the discussion of shark defense strategies as corporate governance politics, faced by shareholders interest. There's a lot of controversy over this issue, and in many cases it can only be solved within the Court. The question today is not only whether creating a bullet proof strategy or not, neither to keep defenses, the discussion is about shark repellent efficiency. Such mechanics originated in 80's decade with aggressive takeovers fueled by junk bonds. Those historic leveraged buyout operations originated protection concepts that somehow is part of most US stock public companies.

However, it's something not unanimous anymore. These provisions are accused of protecting in excess management, creating unreal prices, and keeping away even good bidders. In some companies, it can even ignore shareholders interest. The ones with real interest in company results at least. More than financial tricks, these bullet proof clauses are now being decided in Courts all over America. The main point is not only corporate governance, management, and *Holding* control. Further its a discussion that really matters for shareholders that stood aside in the past.

From all the thesis available, standpoints and all, something is quite acceptable for everyone: the best *raiders* defense is a good stock performance. Translation of company behave within its own market area. If some corporation has good standings, and if existing some takeover defense culture, an attack will ever be quite a challenge. If unsolicited, avant *investment bankers* and prime corporate lawyers still make the job. Otherwise, it may be a natural solution for a crisis company without any perspective.

3

White Knight

ANOTHER FORTUNE WAY TO handle a hostile takeover is through White Knight bidders. Competition is ever a serious factor in any market field. Usually players of some specific market, know each other for a long time, even if from different countries. They know each ones history, strategy, strength, advantages, clients, *banker*s and legal supporters. Meaning beyond similarities or not, there're communities around theses companies.

An unsolicited bidder more than an offensiveness, has a chain reaction over that entire market field. Even traditional corporations are not free of billion *raiders* that wants to run the market. Or maybe, it's about a bidder without any common work concepts that could make promise a good union. Several are the reasons, an hostile act itself seems not something friendly.

Under these circumstances, *investment bankers* can achieve a White Knight raider to also play against the unsolicited takeover. The White Knight presence and play, may have at least two main effects. First it can push the hostile takeover bid till the edge, and break-even point. Second, if result in attack quit, a new megacorporation can surge, stronger than ever. For the target company is a good strategy, once it makes takeover defense mostly to be decided in the stock exchange, between *banker*s, traders, analysts. Commonly, if results a White Knight union, sometimes it's just an alliance already studied and waited for both. Antecipation of alliances can be unexpected but nevertheless, market may prove it was right.

Same Philosophy of Job

The merger may not be the best end and beginning of it all. A partnership may be the proper way for both corporations. A joint venture without the creation of a third company may be the exact solution. Creating a huge corporation may cause a confusion of corporation identity hard to be undone if necessary. Nowadays, keep doing all the workout together, may be enough for both corporations.

For the White Knight, the merger may be not only out of future plans, but can also create commitments not expected. If there´s a similarity of work strategy and management, this may be enough for a partnership. From a realistic standpoint, a White Knight can carry out the corporation into more problems instead of making it stronger.

4

White Squire

TO AVOID TAKEOVERS BIDS, some shareholder may detain a large stake of one company shares. With friendly players holding relevant positions of shares, the protected company may feel more confortable to face an unsolicited offer. A White Squire is a shareholder than itself can make a tender offer. Otherwise it has so much relevance over the company stock composition, that can make *raiders* takeover more difficult or somewhat expensive. Real White Squire does not takeover the target company, and only plays as a defense strategy.

In order to defend these companies, some *banker*s organize funds for that specific purpose. A White Squire fund is designed to increase share participation in companies under stress. Structured to make defense positions for several corporations, till the takeover chance is on. Originated from the 80's era of junk bond takeovers, these funds workout as a rescue raider against attackers. With all the strength of *private equity* funds, its expertise of dealing with billion digit funding.

These ones have controversy around. One possible situation is related to specific issue of shares. The corporation joined with the White Squire can agree to make a special issue of shares, for takeover defense purpose. But if the hostile bid does not happen. Then a huge operation has been made, that probably had effects for share prices, and others shareholders position. This not to mention if is made not for a White Squire fund, but to some particular investor. This tactic is also a wide discussion today, balancing management, *Holding* controllers, corporate governance and shareholders rights to take such decision.

5

Leveraged Buyout

IN 80'S IT WAS the soul of yuppie era. To raider a mega-corporation with junk bonds, was considered genius touch. Pure magic to takeover a greater corporation, and set up your own board of directors overnight. Stock markets spot these sound operations. The term leveraged buyout is related to takeover operations with risky strategy. Usually meaning a minor company making a takeover bid for a major company, based in sophisticated banking mechanics to finance it.

In 80's junk bonds were the stars. Junk bonds are related to securities of middle and small cap corporations. They do not stand at the same grade of a blue chip stock. Are risky securities, with restrict liquidity, and therefore can skyrocket even more. Large corporations shares normally have a stable performance. Whenever a junk bond has a continuous high, beyond any math, can cash it for a leveraged buyout use. A raider can make a tender offer even against some blue chip to be paid with these junk bonds.

Problem is that a corporation is not only stock performance and aggressive *investment bankers*. Even wherever a takeover is made complete, there's a problem related to management. Not in terms of CEO and board of directors outstanding stars. Each corporation has an expertise and know-how within its markets field. Experience that tells what works and what does not. It's not related only to corporate finance, treasury, and banking magic. Leveraged buyout does make a shakeout over the corporation, and the entire market. But does not always mean a *Holding* with specific and enough expertise to manage afterwards.

Today, still leveraged buyout magic are on the stage. Sometimes one operation following another. Like when a corporation takeover a first one, and then use assets of the first one to finance a takeover against a second one. Complex banking play. But today these moves are not new anymore, and there's a lot of *investment bankers* and attorneys familiar with all this world.

6

Greenmail

THIS PRACTICE IS NOT a kind of takeover defense in terms of protecting a corporation. Means much more an attitude of recognizing a raider force, and premium to be free of the attack. There's a long controversy around it, once it's not fair for shareholders to pay premium for *raiders*. The discussion shakes all shareholders, once sometimes they are not the management one whoever decides those payments.

If paid, it can bring the certainty of takeover free at least from that bidder. But it has effects, and some studies conclude that as consequence shares has a decline. Some countries forbid such hostile takeover behave. It's a wide discussion ended in Courts, whenever shareholders interests and votes face takeover defense of management and controllers. The great controversy is about fairness of paying these millionaire premiums for attackers. If it is really the way to be.

For the free market standpoint, it can push target company toward. By considering such possibility, some companies do really make strong needed restructuring. Stepping through some reforms that can improve its performance. Instead of letting the corporation by its own, pressure for necessary measures that can be healthy.

Greenmail pushes aside that hostile bidder. But by a millionaire premium it can further boost interest of *raiders* and mega investors all over, searching for a good opportunity. For that reason qualify it as a defense may be not quite proper. It recognizes an unsolicited offer and risk, and shareholders may take a burden of something they're apart.

7

Golden Parachutes

OFFICERS NEED SOME PROTECTION against these operations. In time of takeovers rally without any provisions about it, an officer cannot make his job out of pressure. Golden Parachutes are already part of corporate management culture, in case of hostile takeover. Without it, officers have no stability, and it may represent inaccurate defense strategy in case of bidders pressure. Can further accelerate drastic and unnecessary measures.

From an overall analysis, cost of golden parachutes are relatively low, compared with disadvantages of its absence. Officers can have minimum guarantees after takeover is accomplished. Otherwise inappropriate attitudes can be taken just to keep officers standings in the market an inside the corporation. Golden parachutes tries to make these challenge for the corporation and over officers, as natural as possible. Studies show that these benefits can keep chiefs working without excess pressure and drama. Defending the corporation against all, till the end, but with responsibility.

8

BuyBack

BUYBACK IT'S NOT EXCLUSIVELY related to takeover defense. It's usual for any company to buyback it's outstanding shares if prices are low. Something natural, and is a common task of a corporation treasury desk. Whenever there's a high demand for more shares, and its quotation is high and sustained, company usually issue shares. This way, increasing the outstanding amount of some company shares. In event of bull market, it can be more than a need, once the existing shares *valuation* can skyrocket.

The opposite situation also need proper response. In bear market, prices are usually low, in general. Huge quantity of some company outstanding shares does not make sense. If let by itself, prices can decline even more, making this a stability matter in fact. Alow arrow spiral is dangerous, once some absurd situations can occur as well they happen in highs. If for spot market a downside arrow quotation deserve some attention, even more when considering derivatives and future markets.

For what it does matter, it can put a corporation on verge of some takeover. Lows can affect corporations in general, and the entire stock exchange blue chips. As well for *raiders*. Problem today is that world lives a globalization age, for banking also. In this exact moment, maybe some foreign stock exchange can be experiencing an isolated high, specific for that area. Then, a raider may appear not from a local or national area, but from a worldwide arena.

Treasurers manage share prices of the company regulating it's quantity over the stock market. It's also a traditional takeover defense, trying to keep share prices under some control. As long as far the best defense against hostile takeover is to keep a high shares value. Reducing outstanding quantity of some company shares in the stock market, can push toward a *valuation* of the shares available.

9

Gray Knight

UNDER THE GREATEST CHAOS, there's always someone with midas touch. If a hostile and unsolicited takeover is something serious for any corporation, it's bankers, investors and employees what to say about a third raider. Surprise can be not some new, but it makes the financial and due diligence mess really mean it. An odd opportunity can emerge for the Gray Knight, scanning any market move to leverage itself. As a third player it seems to have reviewed the operation at least three times. If have decided to make part of that mess, maybe has its reasons.

But a Gray Knight raider usually is someone that belongs to all the play. Just a corporation, fund or investor that understand what's on can move the chess right. This third raider surely has enough know-how about it all, and had maybe planned to be an original first unsolicited bidder. To do not be out of it all, Gray Knight can make a tender offer long ago planned sometime. Seems opportunistic, but can be the dynamic of stock market at that moment or for that market economic field.

For that reason, Gray Knight can be a signal of hard ways to avoid takeovers. Against two bidders competing between, the share bid price will rise. As much as share prices rise more difficult become to block the takeover. Anyway armed with so many takeover defenses, it's quite a biz, but at least it can be a good deal way out.

10

Scorched Earth

TAKEOVER BIDS NORMALLY HAPPEN over corporations with some crown Jewells. One of takeover defenses consists in making target company unattractive for *raiders*. This strategy can be implemented by several ways. Like selling or spinning off valuable assets, taking serious risky treasury cash management, or with fulfillment of corporate liabilities. Also a defense that pushes to the edge the corporation itself, may be effective. If all of it is worth the play, that's the question.

Scorched Earth tactic may be some slight attitude as well. Instead of coordinated actions, closer to some sort of Jonestown Defense, specific and precise move can be made. For example, if what's all about is a technology developed, there are several ways to bullet proof access to it or not. Ownership of it can be reserved to a third corporation with nothing to do with the original one, at least officially.

A takeover bid may also trigger an acquisition of some minor corporation by the target company. But if by acting this way, the target company inherits indebtness from this minor company, it can make a difference. Or by making a bid, it does can trigger a selling movement of precious assets by the target company. Anyway it's a confuse defense tactic. Sometimes, board of directors have enough powers to manage like this. But will ever be a controversy against shareholders vote and interest. If this is the right chessmaster move. To be decided also on Courts.

11

Show Stopper

MERGER AND ACQUISITIONS OPERATIONS are complex deals with multiple consequences in the market chess. Those operations touch thousand of employees, with significant tax effects, and also with geopolitical influence. Settle or not an industry within a state or county represents an activity that changes the profile of a region. So, allow these operations to take effect, usually needs government approval.

There are several antitrust laws, health, financial, and environmental laws to be accomplished. It's not a decision restricted to board of directors and *Holdings*. For example if what's in discussion is an energy company, like petroleum or water, it will not be a single takeover bid. What really matters is the ultimate resources that will be available for the entire population, around these corporations areas. Not only the future price policy, but the resource quality and disposal itself.

Not only oligopoly is combated. Competition is one aspect that make capitalism work. Besides all the antitrust policy, each economic field has it's own requirements to workout. Government controls overall economic activity in behalf of the entire society interests. It's not only about income, dividends, and return. Economic policy has in mind keeping the services working well, and in a regular and satisfactory for the population. Some Merger and Acquisitions operations, besides seeming midas magic, have a harmful profile for the population over the long-term. Whenever there's a real chance of it, Government can set up conditions and requirements in order to make it work.

12

Jonestown Defense

THIS IS A RADICAL attitude against hostile takeover canvas. Seems nuts for most people, and always needs a double check over the corporation history to understand this act. For example, competition can be much more related to greed than about efficiency. Usually officers, CEOs, and holding families know each other, and this is kind of tradition. Selling a corporation, can be further than transfering assets ownership. Sometimes, it can mean something so serious that controllers prefer to play against the odds. The forgotten chance can be the deal for players that surely does not welcome the raider.

Also, there are situations wherever the target company will only have disadvantages in a eventual merger. Maybe acting with radical ways will not turn over the play, but can save some scarce assets, if any. Increasing company debts, selling crown jewels, seems suicidal nonsense. But desperate against a hostile takeover, that even *investment bankers* cannot handle, puts these possibilities in discussion.

As stressed before, if takeover can be very harmful for employees and management of target corporation on the long-term, on short, can be worse. Some critical companies, that in past where major players, may request severe plans. Some *raiders* will tend to let proud aside and make necessary changes. Results and forecast are ever a quiz.

Anyway, that's a radical way of facing a takeover. Until reaching this red line, there lots of strategies, defenses, tactics, legal mechanics, ideas and banking ways to make use of. A severe problem, is ever quite a quiz in that precise economic and historic moment. But nowadays, *Investment Banking* and corporate law has so many instruments, for most of cases, tested and matured along years of corporate finance history.

13

Standstill Agreement

TAKEOVER OPERATIONS ENVIRONMENT HAS the law offices as one of the principals. Any Merger and Acquisition movement is related to lots of documents, securities laws, working along financial data. Standstill Agreement is a kind of contract used for several situations, whenever usually there's something complex on the stage. Time to take some breath and go on the deal more prepared for the complicated questions. Bidders does not want any standstill, and if vested as an agreement, that's something hard to agree.

For those reasons, a standstill agreement does not appear alone. It's usually as instrument, and part of a takeover defense dynamic. One common situation is an increase of some shareholders stake. If considered some potential takeover chance, target company can buyback these potential raider shares. Enough to activate a standstill agreement or to zero any takeover chance at all. By making a standstill, even if paying a premium, the target company will have more time to armor itself.

It's an instrument that appears under some dealing process. But also can surge for example, related to legal and economic problems. Economy represents not only banking, stocks, dividends and returns. Sometimes, government may seems to be only observing Mergers and

Acquisition activity. If what's on the deal are lots of jobs, infrastructure, society interest and so on, it's a political matter, that request government acquiescence. Huge operations, takeover bids or not may be frozen under government authorization. Somewhat it can work or be an official standstill agreement, until is properly approved.

The standstill can make all the difference for the target corporation. Time can provide framework to face an hostile takeover. Realized surprise can shakeout the entire day-by-day of the entire company. Besides all, after years of operations like that, *investment bankers* and attorneys developed a lot of expertise to manage it, that does make the difference.

Expressões, siglas e termos utilizados:

Ab initio: de início

Acordo de Acionistas: documento gerenciador de relações entre acionistas, na respectiva empresa.

ADR: American Depositary Receipt

BDR: Brazilian Depositary Receipt

Bookbuilding: Processo de formação de preço na oferta pública de valores mobiliários, através de mecanismo de reserva de investimento.

Break-even: aqui referido como ponto depois do qual se atinge o objetivo.

Caput: parte principal de referido artigo de lei ou regulamento.

Cash-out: saída de capital do empreendimento, com saque de investimentos.

Clusters: referido como grupos, dentro de seu meio.

Commercial Paper: título de crédito, aqui referido como Notas Promissórias.

Confort Letter: documento declaratório que complementa contrato ao qual é interligado.

Convertible Securities: valores mobiliários conversíveis

CRI: Certificado de Recebíveis Imobiliários

Custom-made: elaborado especificamente para determinado caso.

CVM: Comissão de Valores Mobiliários, autarquia que policia o mercado de capitais no Brasil.

Debênture: valor mobiliário emitido por sociedade anônima, que apresenta rendimento como título de renda fixa.

Debênture Conversível: valor mobiliário emitido por sociedade anônima, que apresenta rendimento parte como título de renda fixa, e parte como renda variável.

Default: aqui referido como não cumprimento de obrigação, inadimplência, quebra contratual.

Distress Strategy: desalavancagem de financiamentos

Framework: estrutura organizacional de trabalho

DFP: Relatório de Informações Financeiras Padronizadas

***Disclosure*:** Transparência de Informações

Drive: aqui referido como política e direcionamento da empresa, ou empreendimento.

Due Diligence: auditoria contábil, financeira e jurídica, aqui associados a Ofertas Públicas e M&A de empresas.

FED: Federal Reserve, Banco Central dos EUA

Flipping: desfazimento rápido de valores mobiliários, aqui referido logo após a operação de Oferta Pública.

Framework: estrutura organizacional de trabalho

Fundos *private equity*: fundos de investimento especializados em investir em papéis emitidos por empresas de setores variados.

GDR: Global Depositary Receipt

Green Shoe: lote suplementar de valores mobiliários a ser ofertado.

Guidelines: linhas gerais

***Holding*:** sociedade que controla grupo de outras empresas e sociedades

IAN: Relatório de Informações Anuais

Insider Trading: utilização de informações com acesso privilegiado

***Investment Banking*:** operações de investimento, de atacado.

Interna corporis: relativo ao que se passa dentro da empresa

IPO – initial public offering: operação de abertura de capital, em que a empresa emite valores mobiliários no mercado de capitais pela primeira vez.

ITR: Relatório de Informações Trimestrais

Joint-Ventures: associações, parcerias de negócios

Junk Bonds: valores mobiliários de alto risco e retorno

Lei de Falências ou Nova Lei de Falências: lei 11.101 aprovada em 2005.

Leveraged Buyout: Aquisições alavancadas de empresas

Market maker: Formador de Mercado

Market share: fatia de mercado que a empresa possui; abrangência e participação da empresa ou empreendimento no seu setor de atuação.

M&A – merger and acquisitions: relativo a operações de fusões e aquisições, compra e venda de empresas.

Milestone: marco de trabalhos operacional

Mezzanino: operação de financiamento corporativo com composição de parte em dívida e parte em capital.

Middle caps: valores mobiliários de empresas de médio porte, normalmente com razoável oscilação.

NCC: Novo Código Civil

OPA: Oferta Pública de Ações

Pay-out: distribuição de lucros pelo empreendimento, por meio de dividendos, por exemplo.

Portfolio – carteira variada de investimentos, podendo ser composta por papéis de diversas empresas.

Project Finance: complexos projetos e obras que se utilizam de operações financeiras estruturadas.

Securities: valores mobiliários

SFI: Sistema Financeiro Imobiliário

Shelf-Registration: "Registro de Prateleira", relacionado ao Programa de Distribuição de Valores Mobiliários.

Small-caps: ações de empresas menores, com maior oscilação.

SOX: Lei Sarbanes-Oxley de 2002

SPE– Special Purpose Company: Sociedade de Propósito Específico. Sociedade constituída para determinado fim, que faz parte de alguma estrutura societária.

Start-ups: empresas que estão iniciando atividades do zero.

Stock options: contrato de opção de compra e venda de ações.

Tailor-made: assim como custom-made faz alusão ao trabalho personalizado, específico para cada caso.

Takeover: aqui referido como operação de compra e venda hostil da empresa, através de oferta agressiva que objetiva a tomada de controle societário da empresa-alvo.

Teoria dos jogos: teoria que aplica princípios de jogos, estendendo-as para outras situações, econômicas, por exemplo.

Turnaround: aqui referido como reviravolta empresarial, de reorganização de corporação que se encontra em processo de recuperação.

***Valuation*:** referido como avaliação financeira da empresa.

Underwriter: agentes que coordenam a subscrição de valores mobiliários em oferta pública.

***Underwriting*:** operação de subscrição de valores mobiliários, em oferta pública.

Entre em contato com o autor:

Kleber@societario.com.br

Esta obra foi composta em fonte Sabon 11,5/13,8
e impressa em papel Cartão 250 g/m2 [capa]
e em papel Offset 75g/m2 [miolo].